ANNALES

DU

MUSÉE GUIMET

TOME TRENTE-TROISIÈME

CHALON-SUR-SAONE
IMPRIMERIE FRANÇAISE ET ORIENTALE E. BERTRAND
5, rue des Tonneliers

MINISTÈRE DE L'INSTRUCTION PUBLIQUE ET DES BEAUX-ARTS

ANNALES
DU
MUSÉE GUIMET

TOME TRENTE-TROISIÈME

CATALOGUE DU MUSÉE GUIMET

CYLINDRES ORIENTAUX

PAR

L. DELAPORTE

Ouvrage illustré de 10 planches

PARIS
ERNEST LEROUX, ÉDITEUR
28, RUE BONAPARTE, VIe

1909

LISTE DES ABRÉVIATIONS

AJA	*American Journal of Archæology.*
AJSL	*American Journal of Semitic Languages and Literatures.*
BOR	*Babylonian and Oriental Record.*
CR	*Comptes-rendus de l'Académie des Inscriptions et Belles-Lettres.*
Cull.	Cullimore, *Impression of ancient oriental Cylinders or rolling Seals of the Babylonian, Assyrian and Medo-Persian.*
Déc.	E. de Sarzec et L. Heuzey, *Découvertes en Chaldée.*
Glypt.	J. Menant, *Les Pierres gravées de la Haute-Asie. Recherches sur la Glyptique orientale.*
ISA	Fr. Thureau-Dangin, *Les Inscriptions de Sumer et d'Akkad.*
JAOS	*Journal of the American Oriental Society.*
Lajard	F. Lajard, *Introduction à l'étude du culte public et des mystères de Mithra.*
MDP	*Délégation en Perse. Mémoires publiés sous la direction de M. J. de Morgan, délégué général.*
R	Rawlinson, *The Cuneiform Inscriptions of Western Asia.*
REC	Fr. Thureau-Dangin, *Recherches sur l'écriture cunéiforme.*
Rev. d'A.	*Revue d'Assyriologie et d'Archéologie orientale.*
RTC	Fr. Thureau-Dangin, *Recueil des tablettes chaldéennes.*

AVANT-PROPOS

Tous les anciens peuples de l'Orient semblent avoir fait usage, comme cachets, amulettes et objets votifs, de pierres taillées en forme de cylindres percés suivant l'axe et ornés sur la partie convexe de sujets gravés en creux. C'est surtout aux pays de Sumer et d'Akkad[1] que ce genre de pierres gravées a été le plus répandu. L'Assyrie s'en sert encore, mais elle connaît aussi le cachet plat[2], plus facile à imprimer sur les tablettes d'argile et sur les bulles. De bonne heure, l'Égypte abandonne l'usage de ces intailles; il est plus difficile de déterminer à quelle époque il a disparu en Asie-Mineure et dans les îles.

Tout naturellement une première division s'impose dans la classification: le groupement par régions d'origine; on distingue les cylindres suméro-akkadiens, assyriens, babyloniens (second empire), achéménides, anzanites, égyptiens, syro-cappadociens, phéniciens, cypriotes....

Chaque groupe devrait en théorie se subdiviser en séries de sujets analogues; en fait, on ne peut guère établir ces distinctions que pour Sumer et Akkad et pour l'Assyrie.

1. Sumer, au sud, et Akkad, au nord, forment au troisième millénaire avant l'ère chrétienne la région de la Basse-Mésopotamie, souvent appelée improprement Chaldée. Le mot Chaldée — en assyrien, (mat) Kaldu — ne convient qu'à une région plus petite. Les principales villes du pays de Sumer étaient Eridu, Ur, Larsa, Uruk, Širpurla, Gišhu; celles du pays d'Akkad, Agadé (ou Akkad), Kiš, Sippar, Cutha et Babylone.

2. Les fouilles de Suse ont fait connaître des calottes sphériques, en calcaire, percées d'un trou, sur la section plane desquelles sont gravées en creux des représentations d'ani-

L'histoire de Sumer et d'Akkad peut se résumer actuellement en cinq périodes principales :

1° Une période très archaïque ;

2° Une période archaïque pendant laquelle Širpurla[1] est tantôt gouvernée par des rois et tantôt par des patesi[2] ;

3° L'époque de la domination d'Agadé[3], vers le XXXVIIIe siècle, d'après les données de Nabonide[4] ; vers le XXVIIIe siècle, selon une opinion assez répandue ;

4° L'époque de la domination d'Ur[5] et d'Isin, au troisième millénaire ;

5° L'hégémonie de Babylone, établie par la dynastie de Hammurabi[6] vers l'an 2000.

Il est bien difficile de déterminer quelles intailles peuvent être attribuées à la première période. Pour la seconde, au contraire, nous avons des données certaines. Les trois sceaux de Lugalanda[7], patesi de Širpurla avant le règne de Urukagina, permettent de grouper toute une série de monuments.

maux archaïques. Ce sont là, semble-t-il, des amulettes et probablement aussi de vrais sceaux ; cependant sur les plus anciennes tablettes provenant des mêmes ruines on ne trouve que des empreintes de cylindres (Cf. Jéquier, *MDP*, t. VIII, p. 2-5).

1. Širpurla est le nom sumérien (?) d'une ville appelée Lagaš en sémitique. Ses ruines, nommées *Telloh*, forment une série de collines situées près du Chatt-el-Haï, canal qui relie le Tigre à l'Euphrate. Elles ont été explorées par M. de Sarzec, dont l'œuvre est continuée par le Commandant Cros. Une partie des objets découverts est au Musée impérial de Constantinople ; l'autre, au Musée du Louvre. La collection du Louvre est éditée par les soins de M. Heuzey, dans l'ouvrage — en cours de publication — intitulé *Découvertes en Chaldée* (Paris, Leroux). Des fouilles clandestines faites par les Arabes ont été très fructueuses et ont facilité à de nombreux musées l'acquisition de tablettes de Telloh.

2. Le titre de *patesi* semble avoir convenu à diverses fonctions ; il était attribué à des gouverneurs de ville plus ou moins indépendants ; certains personnages se disent aussi patesi de tel ou tel dieu.

3. Agadé ou Akkad, ville principale de la région d'Akkad. On ignore encore où elle était située.

4. VR., pl. 64. col. II, l. 58.

5. Ur, dont les ruines s'appellent Mugheïr, était située à droite de l'Euphrate, au-dessous du trente-et-unième degré de latitude.

6. Hammurabi, sixième roi de la première dynastie de Babylone.

7. Allotte de la Fuÿe, *Les sceaux de Lougalanda, patési de Lagash (Širpourla), et de sa femme Barnamtarra*, *Rev. d'A.*, VI, n° 4, 1907.

L'usage du cylindre comme cachet se manifeste déjà[1]. Les sceaux du patesi ne sont connus que par des bulles en argile sur lesquelles ils ont été roulés. Ces bulles sont plates d'un côté ; quelques-unes gardent l'empreinte d'un clayonnage sur lequel elles ont été appliquées ; percées d'un trou destiné à recevoir un lien, elles ont servi à sceller soit des envois, soit des paniers d'objets mis en réserve. Il en est, de l'époque d'Agadé, qui portent près de l'empreinte du cylindre le nom du destinataire[2] ou celui de la ville[3] où devait parvenir l'objet scellé.

Un autre fait est digne de remarque : le patesi s'est servi de plusieurs cachets, soit dans le même temps, soit à des époques successives.

Les intailles de cette période ont souvent de grandes dimensions ; elles atteignent jusqu'à cinq centimètres et demi de hauteur et douze centimètres de développement ; vers le centre elles subissent parfois une dépression assez sensible.

Quadrupèdes dressés, réels ou fantastiques, **Personnage à la tiare treillissée, Gilgameš, Ea-bani, taureau à face humaine, aigle léontocéphale**, tels sont les êtres que le graveur dispose sur la surface de l'intaille. Déjà sont formés les mythes si développés à l'époque suivante[4] ; déjà paraissent les divers costumes et quelques emblèmes semés dans le champ.

A la domination d'Agadé correspond l'apogée de la glyptique de Sumer et Akkad. Dans des scènes mythologiques on reconnaît, entre autres, le **dieu aux ailes de flammes,** le **dieu-serpent**, le **dieu au vase jaillissant,** des divinités agricoles.... De très beaux cylindres représentent Gilgameš et Ea-bani luttant avec le taureau et le lion. Presque tous les sujets traités ont

1. Pendant l'impression de ce catalogue a paru la première partie de la collection de tablettes de lord Amherst. L'une d'elles était, quand elle fut achetée, renfermée dans une *enveloppe* sans inscription, couverte d'empreintes du sceau de En-ig-gal, contemporain de Lugalanda. Cette enveloppe est la plus ancienne dont on connaisse la date (Cf. Th. G. Pinches, *The Amherst Tablets*, p. 1 et pl. I).

2. *Déc.*, p. 281 (règne de Šar-Gani-šar-ali).

3. *Déc.*, p. 284 (règne de Naram-Sin).

4. Par exemple, celui du dieu aux ailes de flammes : *Déc.*, pl. 30, fig. 5 *bis*.

un caractère religieux[1]. De nombreuses intailles portent des inscriptions aux noms de Šar-Gani-šar-ali, de Naram-Sin, rois d'Agadé, et des patesi leurs vassaux.

Les personnages principaux sont vêtus d'un long châle enroulé autour du corps et couvrant une seule épaule. Dans la vie courante, les deux bras étaient couverts ou bien le bras droit seul restait nu ; sur les cylindres, pour des raisons de symétrie et de technique, le châle couvre tantôt l'un, tantôt l'autre bras : certaines attitudes et certains mouvements sont de pure convention. On distingue au moins trois modèles de châles. L'un est fait de cette étoffe soyeuse, à longs poils, que les Grecs appelèrent **kaunakès** ; elle est, en général, représentée par des traits horizontaux entre lesquels sont gravées de petites lignes verticales, droites ou ondulées. Un autre semble formé d'un tissu uni orné de **franges**. Le troisième est indiqué par des lignes verticales ; nous l'appelons : le **châle à rayures verticales.** Comme vêtement de dessous, les habitants de Sumer et d'Akkad portaient une sorte de tunique rarement figurée sur les intailles. Pour les personnages de condition inférieure, le costume se réduit à une pièce d'étoffe, presque toujours à franges, enroulée en forme de jupon court.

Comme coiffure, les divinités ont une **tiare à cornes**, sorte de bonnet auquel étaient attachées deux cornes : par convention, le graveur les représente, l'une en avant, l'autre en arrière ; en réalité, elles étaient fixées sur les côtés et leurs pointes se réunissaient au-dessus du front. Une tiare plus compliquée comportait de chaque côté plusieurs cornes superposées : c'est la **tiare multicorne**.

Sous les rois d'Ur commence la décadence de l'art du graveur. Les sujets préférés sont des scènes de **présentation** à une divinité que l'artiste prend rarement la peine de distinguer par un emblème ou un symbole. Le châle est **orné** de franges plus nombreuses ; ses bords s'arrondissent. Un changement de coiffure témoigne d'une importante modification dans la vie

1. Le sceau de Ubil-Ištar [moulage 107] est le plus connu parmi ceux dont le sujet est emprunté à la vie réelle.

publique : les personnages portent souvent le **turban**, qui sera la coiffure du roi babylonien Hammurabi sur le bas-relief gravé au sommet du Code découvert à Suse.

Sur de nombreux contrats de cette époque on trouve l'empreinte de cylindres ; nous devons à l'obligeante amabilité de M. Fr. Thureau-Dangin d'avoir examiné tous ceux du Musée du Louvre — publiés ou inédits — que nous signalons dans le Catalogue.

Par la nature de la pierre ou le travail du lapidaire, certaine intaille avait une valeur artistique : un Grand l'offrait au roi ou la vouait à la divinité[1]. Comme aux statues, aux portes de ville, aux objets les plus divers, on donnait à chaque pierre gravée un nom qui était en même temps une flatteuse dédicace ou une invocation[2]. On s'en servait aussi comme amulette, et cet usage s'est perpétué jusqu'à nos jours.

La présence du **personnage à la masse d'armes**, de la **femme nue**, de la **déesse guerrière**..., distinguent les productions de la première dynastie de Babylone. Plus tard, sous la domination des rois kassites, le sujet se réduira parfois à un seul personnage accompagné d'emblèmes et l'inscription se développera souvent en un long texte difficile à interpréter.

Les cylindres de Sumer et d'Akkad sont les plus nombreux. Ils se distinguent très facilement des intailles d'autres provenances, à l'exception toutefois de certains produits de l'art syro-cappadocien dont les personnages portent souvent le même costume et la même coiffure.

En Assyrie, on distingue deux périodes : l'une s'étend des origines au VIIIe siècle; l'autre comprend l'époque des Sargonides. Les personnages, vêtus d'une tunique et d'un châle orné de plusieurs rangs de franges ou de dessins, sont parfois coiffés de tiares dont les cornes se profilent en avant ; ils portent de longues barbes et des cheveux ondulés. Près de l'**arbre**

1. Cf. p. 40.
2. Cf. *ISA*, p. 278-281.

sacré se tiennent des êtres réels ou fantastiques ; des dieux reçoivent l'hommage ou l'offrande de leurs dévots ; d'autres saisissent de leurs mains étendues des êtres réels ou imaginaires dressés près d'eux, ou même s'apprêtent à les percer d'une flèche. A la vie réelle sont empruntées des scènes de guerre et de chasse.

A la chute du royaume d'Assyrie, Babylone s'élève de nouveau à une haute puissance. La Glyptique se complaît alors dans la représentation, sur les cylindres ou les cachets plats, d'un prêtre debout devant des emblèmes divers.

Plus tard, les Perses achéménides reviennent, en les modifiant, aux sujets assyriens ; ils choisissent volontiers des pierres à surface convexe assez semblables à des barillets. Après eux l'usage du cylindre disparaît ; le cachet plat l'a remplacé.

Les Hittites envahirent la région de Babylone vers le XVIIIe siècle avant notre ère. Ceci explique pourquoi certains cylindres dits **Syro-cappadociens** ne se distinguent des intailles de Sumer et Akkad que par de nouvelles formes du châle, des coiffures différentes ou même les emblèmes et les symboles répandus dans le champ. D'autres s'inspirent exclusivement des mœurs et des coutumes de la région où ils semblent avoir été gravés.

Les cylindres égyptiens deviennent rares après les premières dynasties, mais l'influence de l'art et des idées de l'Égypte se manifeste dans des œuvres composites qui empruntent une partie de leurs éléments à Babylone et à l'Assyrie. Ces intailles paraissent originaires de la côte de Syrie, ainsi que celles qui portent des inscriptions araméennes[1] ; on les trouve aussi à Chypre et jusqu'en Sardaigne, mêlées aux produits de l'art local.

1. Sur certaines intailles, l'inscription a été gravée postérieurement à la scène, quelquefois même en remplacement d'un texte qui a été intentionnellement gratté.

Dans le Catalogue, on a rangé les cylindres par séries de sujets analogues, sans trop se préoccuper de l'ordre historique dans lequel ils se sont développés ; ainsi, plusieurs représentations du **Taureau à face humaine** qui logiquement doivent prendre rang après les scènes où ne figurent que **Gilgameš** et **Ea-bani,** leur sont historiquement antérieures.

La description se rapporte, selon l'usage, non pas à la scène telle qu'elle est sur le monument, mais au petit bas-relief que forme le développement de l'intaille sur une substance plastique.

Les moulages sont numérotés suivant l'ordre qui leur a été assigné dans les deux vitrines spéciales ; si l'un d'eux a été publié, on indique un des ouvrages où se trouve la reproduction, à moins que le catalogue de la collection dont il fait partie ait été édité. Il n'a pas été possible de déterminer l'origine de tous : chacun a été marqué d'un chiffre par J. Menant, et malheureusement le cahier dans lequel avaient été consignés les renseignements utiles a été confié à une personne aujourd'hui décédée ; il nous a été impossible de le retrouver.

M. H. de Genouillac a assumé la tâche ingrate de relire les épreuves de ce travail. Nous lui adressons notre plus cordial remerciement.

En terminant, qu'il soit permis à l'auteur d'exprimer un témoignage particulier de gratitude envers le maître bienveillant et dévoué qui l'a guidé dans ses études, le savant éditeur du *Code de Hammurabi.*

Juillet 1908.

INTRODUCTION

Caylus est le premier qui ait fait des observations judicieuses sur les cylindres. Dès 1752, au début de son *Recueil d'antiquités*[1], il publia la description de deux intailles suméro-accadiennes[2]; on commençait à connaître les monuments de Persépolis : le savant antiquaire n'hésita pas à attribuer ces pierres gravées à l'art oriental, et reconnut même l'étoffe de kaunakès dans le châle dont était vêtu l'un des personnages[3].

Plus d'un siècle s'écoule ensuite avant que soit entreprise une étude méthodique de la glyptique orientale. Cullimore[4] publie, sans commentaires, cent soixante-quatorze cylindres, et Lajard[5] fait servir à une thèse absolument erronée un ensemble de deux cent quatre-vingt-quatre intailles, que Lenormant utilise plus judicieusement dans ses Fragments de Bérose[6]. Il fallait les découvertes modernes et les travaux des assyriologues pour permettre d'interpréter les scènes, de déchiffrer les inscriptions, de classer les pierres selon les époques et les régions. Joachim Menant[7] se donne à cette œuvre. En 1878, il publie le *Catalogue des cylindres orientaux du*

1. *Recueil d'antiquités égyptiennes, étrusques, grecques et romaines.* 7 vol. Paris, 1752 et suiv.

2. Bibliothèque nationale, n°s 734 et 897 du *Catalogue* de Chabouillet. Cf. *Recueil d'antiquités*, pl. XVIII.

3. Bibl. nat., 734. (*Glypt.*, I, fig. 84, p. 138.)

4. *Impression of ancient oriental Cylinders or rolling Seals of the Babylonian, Assyrian and Medo-Persian.* Londres, 1842.

5. *Introduction à l'étude du culte public et des mystères de Mithra en Orient et en Occident.* Paris, 1847.

6. *Essai de commentaire des fragments cosmogoniques de Bérose, d'après les textes cunéiformes et les monuments de l'art asiatique.* Paris, 1871.

7. Joachim Menant, né à Cherbourg le 16 avril 1820, décédé à Paris le 30 août 1899, conseiller à la Cour d'appel, membre de l'Académie des Inscriptions et Belles-Lettres (1888). La liste de ses 47 principales publications orientales a été publiée à la suite de la **Notice** lue par le duc de la Trémoïlle dans la séance de l'Académie du 24 mai 1901.

Cabinet royal des médailles de la Haye. En 1883 et 1885 paraissent les deux volumes sur les *Pierres gravées de la Haute-Asie*[1], son ouvrage le plus important, le seul qui ait été exclusivement consacré à ces recherches. Il collabore activement au Catalogue de la collection de Clercq[2], et fait, à l'Académie des Inscriptions, d'intéressantes communications. Ces travaux l'obligent à réunir, à grands frais, de nombreuses empreintes de cylindres; il en fait venir de la Haye, de Londres, de New-York, de Grèce, de Florence et d'ailleurs; il en donne plus de quatre cents au Musée Guimet où elles sont exposées, avec les moulages de la collection du Musée, en deux vitrines : l'une renferme les sujets qui ont été gravés aux pays de Sumer et d'Akkad[2], un moulage de la masse d'armes de Šar-Gani-šar-ali[3], roi d'Agadé, et le moulage d'un barillet[4] de Nabuchodonosor I[er][5]; dans l'autre, sont réunies les empreintes d'intailles de toute autre provenance, des spécimens de cylindres, cônes et cachets divers, des matrices et des moulages de bulles publiées dans la *Glyptique*[6].

Depuis 1886, l'année qui suit la publication de l'ouvrage de Menant, l'américain Hayes Ward[7] et d'autres se livrent à des recherches sur des séries particulières de cylindres, discutent les théories émises, présentent de nouvelles hypothèses, cherchent à pénétrer plus intimement dans la compréhension des sujets. En France, M. Heuzey examine méthodiquement les objets provenant des fouilles de Telloh : il détermine, d'une façon indiscutable, tantôt la nature des coiffures ou des vêtements des personnages et tantôt l'origine et la signification des symboles et des emblèmes;

1. *Les Pierres gravées de la Haute-Asie. Recherches sur la glyptique orientale.* 2 vol. in-8. Paris, 1883-1885.

2. *Catalogue méthodique et raisonné de la Collection de Clercq*, t. I, in-fol. Paris, 1888.

3. La masse d'armes du roi Šar-Gani-šar-ali est au Musée britannique (n° 91146). Le texte a été transcrit et traduit par Fr. Thureau-Dangin (*ISA*, p. 232-233).

4. Les barillets sont des monuments en terre cuite, affectant la forme d'un petit baril et couverts d'inscriptions cunéiformes. L'original de celui-ci est au Musée de la Haye. (*Catalogue*, p. 80.)

5. XIe siècle.

6. *Glypt.*, t. II, fig. 78 et suiv.; 131 et suiv.; 154 et suiv.

7. Hayes Ward va publier prochainement, sous les auspices de l'Institut Carnegie, une nouvelle étude d'ensemble sur la Glyptique orientale.

il rectifie les opinions de ses devanciers et fixe des bases certaines pour les travaux ultérieurs[1].

Le Musée Guimet possède cent quarante-et-un cylindres orientaux : treize[2] proviennent de Hamadan[3], où ils ont été recueillis par M. de Morgan lors de sa mission en Perse[4] ; deux ont été découverts par M. Chantre en Cappadoce[5], l'un au sanctuaire de Euyuk[6], l'autre dans les ruines du palais de Boghaz-Keuï[7] ; un autre[8] a été trouvé à Samarkande, par M. E. Blanc, au milieu d'objets de diverses époques.

Ces trois derniers font partie des collections de Cappadoce et de Samarkande ; les treize intailles de M. de Morgan, ainsi qu'un beau cylindre assyrien donné par M. Th. Mante[9] et les cent vingt-quatre acquis par M. Guimet sont exposés dans une même vitrine avec une petite statuette de génie ailé à tête de serpent, un fuseau sur lequel est gravé dans un cartouche le nom du possesseur : Ur-abzu, quatre cachets en forme de pyramide et deux pierres gravées prismatiques.

Des cachets plats de diverses époques sont réunis, dans une quatrième vitrine, aux objets en bronze découverts à Hamadan par M. de Morgan[10].

1. Parmi les publications de M. Heuzey, citons : *Une étoffe chaldéenne* [*le Kaunakès*], *Revue archéologique*, 1887. — *De quelques cylindres et cachets de l'Asie mineure*, *Gazette archéologique*, 1887. — *Sceaux inédits des rois d'Agadé*, *Rev. d'A.*, t. IV. — *Le sceau de Goudéa. Nouvelles recherches sur quelques symboles chaldéens*, *Rev. d'A.*, t. IV. — *Les deux dragons sacrés de Babylone et leur prototype chaldéen*, *Rev. d'A.*, t. VI. — *Armes royales chaldéennes*, *CR*, juillet 1908. — Notons encore les *Origines orientales de l'art* et surtout les *Découvertes en Chaldée* de M. de Sarzec, publiées par ses soins, dans lesquelles il consacre un chapitre tout entier à une vue d'ensemble sur la Glyptique de Sumer et d'Akkad.

2. N^{os} **9, 29, 55, 65, 69, 70, 87, 93, 98, 112, 113, 114, 118.**

3. Hamadan est l'ancienne Ecbatane.

4. *Mission scientifique en Perse*, 5 vol. Paris, Leroux.

5. *Mission en Cappadoce*, 1893-1894. Paris, 1898.

6. N° **128**. Les ruines d'Euyuk d'Aledja se trouvent à une journée au nord de Boghaz-Keuï, par 32° 25' de longitude Est, et 40° 18' de latitude Nord.

7. N° **14**.

8. N° **129**.

9. N° **107**.

10. *Mission scientifique en Perse*, IV, fig. 157 à 160.

CATALOGUE

DES

CYLINDRES ORIENTAUX

DU

MUSÉE GUIMET

CYLINDRES SUMERO-AKKADIENS

ANIMAUX ET PERSONNAGES

Dans cette série sont réunies les ébauches, les représentations d'animaux réels ou fantastiques et les premiers exemples de la figure humaine avant qu'elle se précise sous la forme du personnage appelé **Gilgameš**.

1. — Gazelles passant à droite, séparées par des lignes brisées représentant peut-être des arbres[1].

Haut., 16 mm.; diam., 15 mm.
Pl. I, fig. 1.

2. — Deux quadrupèdes aux longues cornes droites se dressent de profil en face l'un de l'autre et se saisissent par les pattes antérieures. Chacun d'eux retourne la tête vers un lion dressé, la queue relevée, qui lui pose les pattes sur l'échine.

Au milieu, en bas, un objet formé d'un triangle sur deux côtés duquel s'élèvent des faisceaux de lignes droites[2].

1. Les fouilles de Suse ont mis à jour de nombreux spécimens de cylindres ornés de figures d'animaux (Cf. Jéquier, *MDP.*, t. VIII).

2. A cet objet l'on peut comparer les symboles gravés sur les cylindres 57 de la Collection de Clercq et 886 *bis* de la Bibliothèque nationale.

Cylindre mutilé.
Haut., 20 mm.; diam., 11 mm.
Pl. I, fig. 2.

3. — Trois personnages nus, le corps de face, la tête et les jambes de profil à droite, les bras levés.

A droite de deux d'entre eux se dresse un quadrupède, la tête retournée vers le bas; l'un de ces animaux porte de longues cornes à peine incurvées. Près du troisième personnage, une sorte de récipient surmonté de deux accessoires[1].

Il semble que chaque personnage tient de la main gauche un objet dont il serait difficile de distinguer la nature.

Haut., 26 mm.; diam., 11 mm.
Pl. I, fig. 3.

4. — Personnage nu, de profil à gauche, luttant avec un quadrupède ailé dressé en face de lui. L'animal semble porter une corne droite; une toison ou des plumes lui recouvrent la tête, le cou et toute la partie supérieure du corps.

Entre le personnage et l'animal, un objet indéterminable semblable à une longue épine avec un renflement au milieu.

En dehors du sujet divers objets, notamment une tête d'oiseau et une tige terminée à la partie supérieure par un globe au-dessous duquel deux petites lignes horizontales également terminées par des globes.

Cylindre roulé.
Haut., 25 mm.; diam., 11 mm.
Pl. I, fig. 4.

5. — Personnage nu, de profil à gauche. De chaque main il saisit par une des pattes antérieures un quadrupède qui retourne la tête en arrière vers un emblème formé d'une tige surmontée d'un globe.

Dans le champ, en bas, à droite du personnage, une étoile; à gauche, un objet effacé.

Haut., 20 mm.; diam., 12 mm.
Pl. I, fig. 5.

1. Cet objet a quelque rapport avec celui que l'on trouve sur le sceau du scribe Ur-Pasag (*Déc.*, p. 308), au temps de Dungi, roi d'Ur. Malheureusement ce cylindre ne présente aucun détail qui permette de développer la comparaison.

6. — Personnage nu tenant de la main droite par la queue un lion de profil à gauche. Il tourne la tête à droite et de la main gauche tient une sorte de flèche dont la pointe se retrouve près de la gueule du lion. Au-dessous de la flèche, un taureau de profil à droite, les cornes de face, semble brouter de l'herbe.

Dans le champ, au-dessus du lion, un croissant; au-dessous de sa gueule, une étoile; au-dessus du taureau, un scorpion (?).

Haut., 18 mm.; diam., 10 mm.
Pl. I, fig. 6.

7. — Personnage barbu, nu, de profil à droite. Il saisit un quadrupède à longues cornes, dressé, la tête retournée en arrière vers un lion dressé, la queue relevée, qui lui pose les pattes sur l'échine. Deux animaux semblables aux premiers complètent la symétrie derrière le personnage.

Haut., 16 mm.; diam., 8 mm.
Pl. I, fig. 7.

8. — Scène analogue à la précédente. Le personnage saisit de chaque main un des deux animaux qui sont près de lui.

Haut., 27 mm.; diam., 15 mm.
Pl. I, fig. 8.

9. — Scène analogue aux précédentes. Le personnage barbu, vêtu d'un châle court serré à la ceinture, saisit de chaque main un des deux animaux qui sont près de lui.

Derrière les lions s'élève, sur toute la hauteur du cylindre, un emblème formé d'une tige terminée à la partie supérieure par une sorte de fer de lance.

Collection de Morgan.
Haut., 23 mm.; diam., 14 mm.
Pl. I, fig. 9.
Bibl. — de Morgan, *Miss. scient. en Perse*, IV, fig. 162, 6.

10. — Scène analogue à la précédente. Le personnage est nu.

Derrière les lions s'élève, sur toute la hauteur du cylindre, un emblème formé d'une tige terminée à la partie supérieure par une étoile à six branches et dont l'extrémité inférieure traverse un losange d'angle en angle.

Haut., 20 mm.; diam., 11 mm.
Pl. I, fig. 10.

11. — Deux lions dressés et se croisant saisissent chacun un cerf dressé de profil, la tête retournée en arrière. Celui de gauche semble brouter une tige. Un personnage nu, de profil, saisit celui de droite par la gorge et par la queue.

Haut., 28 mm.; diam., 15 mm.
Pl. I, fig. 11.

12. — Quadrupède dressé de profil à gauche, la tête rejetée en arrière. Un personnage nu, de profil à gauche, le saisit par la queue relevée et par les cornes tandis qu'un autre personnage, également nu, de profil à droite, le saisit par les pattes antérieures.

Une inscription d'une ligne, comportant quatre signes :

A-MA-HU (?)-?

Haut., 20 mm.; diam., 18 mm.
Pl. I, fig. 12.

Moulages

1. — Louvre (*Glypt.*, I, fig. 19).
2. — **Guimet, 1.**
3. — Bibl. nat., 961.
4. — Louvre (Heuzey, *CR.*, 1899, p. 62).
5. — Bibl. nat., 888 (*Glypt.*, I, fig. 20).
6. — La Haye, 21.
7. — **Guimet, 2.**
8. — La Haye, 16.
9. — La Haye, 17.
10. — **Guimet, 3.**
11. — **Guimet, 4.**
12. — **Guimet, 5.**
13. — **Guimet, 6.**
13 bis. La Haye, 64.
14. — **Guimet, 7.**
15. — La Haye, 19.
16. — **Guimet, 8.**
17. — **Guimet, 9.**
18. — La Haye, 18.
19. — **Guimet, 10.**
20. — La Haye, 20.
21. — Louvre (*Glypt.*, I, fig. 24).
22. — **Guimet, 11.**
23. — La Haye, 14.
24. — Louvre, 463 (*Glypt.*, I, fig. 25).
25. — **Guimet, 12.**
26. — Louvre (*Glypt.*, I, fig. 28).
27. — Louvre, 467 (*Glypt.*, I, fig. 26).
28. — La Haye, 22.
29. — La Haye, 13.
30. — La Haye, 12.

GILGAMEŠ

On a donné le nom de **Gilgameš**, le roi plus ou moins légendaire d'Uruk, héros d'une épopée parvenue jusqu'à nous[1], à un personnage qui apparaît sur les cylindres de l'époque archaïque et se retrouve encore sur les intailles de la première dynastie de Babylone. D'ordinaire complétement nu ou le corps serré dans une ceinture, il porte une longue chevelure soigneusement divisée et encadrant la figure d'une série de boucles qui rejoignent la barbe longue et ondulée.

Parfois seul, en lutte avec un homme absolument semblable à lui[2], un lion[3], un taureau[4], qu'il abreuve au **vase jaillissant**[5], ou même intervenant dans la lutte du lion et du taureau[6], il est plus souvent représenté dans des scènes symétriques, luttant avec le taureau, tandis que le monstre **Ea-bani** se mesure avec le lion[7] [40 (**14**), 41 (**15**), 42-45].

Ces sujets sont fréquents au temps de la domination d'Agadé. A l'époque antérieure Gilgameš a un autre adversaire, le **taureau à face humaine**[8]. Il arrive même que la scène se complique et le **personnage à la coiffure treillissée** prend part à la lutte[9], quand il n'est pas seul à la soutenir [58 (**20**)].

1. La transcription et la traduction les plus récentes (1907) de l' « Epopée de Gilgameš » se trouvent dans Dhorme : *Choix de textes religieux assyro-babyloniens.*

2. de Luynes, 403 (*Lajard*, pl. XXX, 4).

3. de Luynes, 415 (*Glypt.*, I. fig. 37); Jaubert (*Glypt.*, I, fig. 38).

4. Menant (*Glypt.*, I, fig. 36).

5. de Clercq, 46 : sceau de Ibni-šarru, scribe de Šar-Gani-šar-ali.

6. de Luynes, 424.

7. Louvre, sceaux de l'époque de Lugal-ušumgal, patesi de Širpurla au temps de Šar-Gani-šar-ali et de Naram-Sin. Cf. Thureau-Dangin, *Revue d'Assyriologie*, IV, pl. VIII, n°s 20, 23, 25 et 26.

8. Sceaux de Lugalanda, patesi de Širpurla. Cf. Allotte de la Fuÿe, *Revue d'Assyriologie*, VI, pl. V-VII.

9. Bibl. nat., 890 *bis*.

Des scènes analogues se retrouvent sous l'hégémonie des rois d'Ur [162] ou de Babylone et même sur des cylindres syro-cappadociens, accompagnant un autre sujet. Voici, de plus, Gilgameš luttant avec Ea-bani, [207, 277 (**71**)], les mains serrées contre la poitrine [123 (**38**), 202, 268, 310 (**91**), 311 (**92**)], tenant le vase jaillissant [258 (**64**), 273 (**70**)] ou la hampe à boucle latérale [99].

Le Musée Guimet ne possède aucun cylindre représentant Gilgameš seul.

Moulages

31. — de Luynes, 415 (*Glypt.*, I, fig. 37).
32. — Jaubert (*Glypt.*, I, fig. 38 *bis*).
33. — Musée britannique.
34. — Mus. britan. (*Lajard*, pl. XXV, 3).
35. — Musée britannique.
36. — Musée britannique.
37. — Musée britannique.
38. — Bibl. nat., 896 (*Glypt.*, I, fig. 45).

GILGAMEŠ ET EA-BANI

D'après la légende, **Ea-bani** avait le corps tout couvert de poils et la chevelure comme celle d'une femme; avant d'être séduit par la courtisane d'Uruk, il mangeait de l'herbe avec les gazelles et s'abreuvait avec le bétail[1]. Sur les intailles c'est un monstre ithyphallique, moitié homme et moitié taureau : de l'homme il a le buste, les bras et la figure; du taureau, la croupe, les pattes postérieures, les cornes et les oreilles. Comme Gilgameš il porte parfois à l'époque babylonienne la tiare multicorne insigne de la divinité[2]. En dehors des sujets précédemment indiqués, Ea-bani fait l'**offrande du chevreau** [212], tient des deux mains le bord du cartouche dans une scène de **présentation**[3], tient un emblème formé d'une tige surmontée d'un disque[4]; ailleurs il se dédouble pour remplir une fonction analogue. Il est même représenté avec le **dieu aux ailes de flammes** qui le saisit par l'oreille et par la queue ou le frappe d'un coup de poignard[5].

Les têtes seules de Gilgameš et de Ea-bani figurent dans le champ d'un sceau roulé sur une enveloppe babylonienne du musée du Louvre[6].

13. — Deux lions dressés, se croisant, saisissent chacun un taureau dressé de profil, la tête retournée en arrière. A droite et à gauche interviennent deux personnages plus distincts sur d'autres cylindres, Gilgameš et Ea-bani. Ils saisissent les taureaux d'une main par la corne, de l'autre par la croupe.

Dans le champ, en dehors de la scène, une double ligne horizontale partage le cylindre en deux parties égales; au-dessous, un scorpion dressé vers le haut.

1. Cf. Dhorme, *Choix de textes*, p. 189: Tabl. I, col. II, l. 35-41.
2. Par exemple, sur un cylindre appartenant au peintre Albert Meignan.
3. Bibliothèque nationale, 786.
4. de Clercq, 112.
5. Cf. p. 17.
6. AO 1648[A] (inédit). Le sujet se rapporte au mythe de la déesse guerrière.

Haut., 27 mm.; diam., 17 mm.
Pl. I, fig. 13.

14. — Deux sujets symétriques. — Gilgameš, de profil à gauche, le corps serré dans une ceinture dont l'extrémité pend le long de la jambe, saisit par une patte et par une corne un taureau dressé en face de lui, la tête rejetée en arrière.

Ea-bani, la tête de face, le corps de profil à droite, saisit un lion dressé, la queue relevée.

Collection Chantre : Cylindre trouvé dans le palais de Boghaz-Keuï.
Haut., 33 mm.; diam., 19 mm.
Pl. I, fig. 14.

15. — Deux sujets symétriques. — Gilgameš nu, de profil à gauche, saisit par une patte antérieure et par la corne un taureau dressé en face de lui, la tête violemment rejetée en arrière. Le héros lève la jambe droite et s'apprête à renverser son adversaire. Sa figure, de face, est ornée d'une longue barbe bouclée, en éventail, et de cheveux tombant en triple boucle.

Ea-bani, de profil à droite, la tête de face, saisit par les pattes antérieures un lion dressé en face de lui, la queue relevée. Le cylindre est brisé : il ne reste du lion que les pattes et une partie de la queue.

Haut., 31 mm.; diam., 19 mm.
Pl. II, fig. 15.

16. — Trois sujets. — Gilgameš nu, de profil à gauche, la tête de face, saisit par le milieu du corps un taureau dressé en face de lui. Un lion dressé, la queue relevée, pose ses pattes antérieures sur le dos du taureau.

Ea-bani, de profil à gauche, les cheveux tressés, le corps serré dans une ceinture, saisit également par le milieu du corps un quadrupède au corps tacheté, dressé en face de lui, la tête retournée en arrière.

Deux personnages, le corps de face, la tête de profil à gauche, vêtus du châle de kaunakès, la main gauche à la poitrine. Près de ce groupe, en bas, à droite, un objet indéterminable.

Sur cette intaille, les mèches de laine de l'étoffe de kaunakès sont très nettement représentées.

Cylindre roulé.
Haut., 35 mm.; diam., 23 mm.
Pl. II, fig. 16.

17. — Deux sujets. — Gilgameš nu, le corps serré dans une ceinture. De profil à droite, il saisit un taureau dressé devant lui, la tête retournée en arrière. Un lion dressé de profil, la queue relevée, pose ses pattes antérieures sur le dos du taureau.

Ea-bani, de profil à droite, les cheveux tressés, saisit des deux mains un lion, dressé devant lui, qui le mord à l'épaule. Un personnage, de profil à gauche, la barbe longue, les cheveux courts, intervient dans la lutte et saisit le lion par la crinière et par la queue.

Cylindre mutilé.
Haut., 34 mm.; diam., 22 mm.
Pl. II, fig. 17.

MOULAGES

39. — **Guimet, 13.**
40. — **Guimet, 14.**
41. — **Guimet, 15.**
42. — Berlin (*Glypt.*, I, fig. 41).
43. — Musée britannique (*Glypt.*, I, pl. II, fig. 2).
44. — New-York (*Glypt.*, I, pl. I, fig. 1). Sceau d'Izinu (Agadé).
45. — La Haye, 3.
46. — La Haye, 4.
47. — La Haye, 5.
48. — **Guimet, 16.**
49. — **Guimet, 17.**
50. — Louvre, 465.
51. — Musée britannique.

LE TAUREAU A FACE HUMAINE

Ea-bani, être fantastique moitié homme et moitié taureau, ne peut être confondu avec le **Taureau à face humaine** : celui-ci n'a de l'homme que la figure; son corps et ses membres sont du taureau dont il a aussi les cornes et les oreilles. Le plus souvent il est représenté dressé de profil, la tête en arrière et de face.

Si l'on cherche dans la légende de Gilgameš une interprétation des scènes où il figure, on voit dans cet animal fantastique le *Taureau céleste* créé par Anu pour venger Ištar de l'outrage du roi d'Uruk[1]. D'autres le considèrent comme le prototype des *lamassi* qui ornaient les portes des palais assyriens[2].

En dehors de la période archaïque, on rencontre très rarement le taureau à face humaine. Sur un cylindre de l'époque des rois d'Ur, une des scènes en comporte deux, croisés, en lutte avec Gilgameš et Ea-bani. Ailleurs [213], un seul est couché, sous le pied d'une divinité qui reçoit l'hommage d'un chevreau[3]. Le n° 41 de la Collection de Clercq le représente couché, sous le cartouche; l'aigle léontocéphale, posé sur son dos, le mord à la croupe.

18. — Deux quadrupèdes dressés, se croisant, sont attaqués chacun par un lion dressé. Le quadrupède de profil à droite paraît être un taureau à face humaine (?); l'autre est un taureau. Entre les animaux croisés, en bas, un objet indéterminé. Une inscription de trois lignes donne le nom, la fonction et la filiation du possesseur du cylindre :

1. P. Dhorme, *Choix de textes*, p. 250 et suiv. : Tabl. VI, l. 94 et suiv.

2. Cf. L. Heuzey, *Le taureau chaldéen à tête humaine et ses dérivés*, *Fondation E. Piot. Monuments et mémoires*, tome VI.

3. Bibl. nat., 712. Voir aussi les cylindres babyloniens de Luynes 369 et 395.

^{ilu}LU[1] ba-ni,	LU[1]-bani,
rê'u šarri,	pasteur du roi,
mâr E-a-dan.	fils de Ea-dan.

Haut., 28 mm.; diam., 15 mm.
Pl. II, fig. 18.

19. — Deux sujets symétriques. — Deux personnages nus (?) de profil, la barbe longue, la chevelure abondante, saisissent chacun par une patte et par une corne un taureau à face humaine dressé, le corps de profil, la tête retournée en arrière, les cornes de face. Le personnage de gauche a la tête nue; celui de droite est coiffé d'une tiare treillissée en forme de corbeille.

Haut., 29 mm.; diam., 14 mm.
Pl. II, fig. 19.

20. — Deux taureaux à face humaine, dressés et se croisant. Celui de gauche est saisi par un personnage de profil qui le tient par une patte antérieure et par une corne; ce personnage, nu ou vêtu d'un châle court enroulé autour des reins, porte une longue barbe; sa chevelure est abondante; il est coiffé d'une tiare treillissée en forme de corbeille. Le taureau de droite est en lutte avec un lion dressé qu'un personnage semblable au premier saisit par la crinière et par la queue.

Haut., 38 mm.; diam., 24 mm.
Pl. II, fig. 20.

21. — Un personnage nu, de profil à droite, coiffé d'une tiare treillissée en forme de corbeille, lutte avec un taureau dressé devant lui, la tête retournée en arrière. Un lion, dressé de profil, la queue relevée, pose ses

1. Matériellement on ne saurait lire ici autre chose que le signe LU, mais on ne le connaît pas comme idéogramme d'un nom divin; il est donc probable que le signe figuré résulte de la simplification de 'U [, cf. *REC* n° 457] ou du signe *REC* n° 458, composé de et de . Dans le premier cas, la divinité ne serait autre que la déesse Aia, épouse du dieu-soleil Šamaš (cf. Brünnow, *A classified list*, n° 10246. — Delitzsch, *Ass. Handwörterb.*, p. 338, col. 1, racine כנת). Dans la seconde hypothèse, plus vraisemblable d'ailleurs, nous avons un idéogramme qui entre dans la composition de noms théophores à l'époque des rois d'Ur (Schrader, *Monatsberichte d. königl. preuss. Ak. d. Wissens. zu Berlin*, 1879, p. 291. — Thureau-Dangin. *RTC*, n° 431. — Cf. *ISA*, p. 288-9 : Gimil-Sin *h*) et Ibi-Sin *b*)) et qui cache le nom du dieu de Gišhu, la cité rivale de Širpurla (Thureau-Dangin, *ISA*, p. 63).

pattes antérieures sur le dos du taureau. Derrière lui, Ea-bani, de profil à gauche, la tête de face, semble le saisir par la crinière et par la queue. Près du personnage nu, un taureau à face humaine, dressé, de profil à droite.

Dans le champ, devant Ea-bani, en bas, une masse d'armes (?); devant le taureau à face humaine, en bas, un scorpion.

Haut., 24 mm.; diam., 15 mm.

Pl. II, fig. 21.

Moulages

52. — **Guimet, 18.**
53. — Louvre.
54. — de Luynes, 432.
55. — **Guimet, 19.**
56. — La Haye, 9.
57. — La Haye, 10.
58. — **Guimet, 20.**
59. — Louvre.
60. — Louvre ?
61. — Louvre ?
62. — **Guimet, 21.**
63. — La Haye, 6.
64. — La Haye, 2.
65. — Musée britannique (*Glypt.*, I, fig. 57)
66. — La Haye, 1.

DIVINITÉS

Parmi les divinités qui figurent sur les cylindres, il en est qui sont caractérisées par un objet qu'elles tiennent, un ornement ou un symbole. D'autres ne présentent aucun indice qui permette de les distinguer. Nous grouperons ici les intailles où sont représentées ces divinités indéterminées.

22. — Personnage assis de profil à gauche sur un siège cubique. De la main droite il saisit et abaisse vers sa figure une tige qui sort d'un vase posé à terre devant lui.

De l'autre côté du vase dont la forme est celle du vase d'argent d'Entemena[1], un personnage court vêtu, de profil à droite, étend le bras gauche.

Devant le personnage assis, un objet indéterminable. Derrière lui, en haut, peut-être une tête de bœuf de profil; en bas, un objet formé de trois angles adjacents, l'un des côtés s'élève verticalement puis se courbe à droite.

Un ornement, en forme d'échelle verticale à six barreaux, complète la décoration du cylindre[2].

Haut., 19 mm.; diam., 11 mm.

Pl. II, fig. 22.

23. — Deux personnages assis de profil en face l'un de l'autre, une main levée, l'autre ouverte la paume en haut à la hauteur de la poitrine. Celui de droite, barbu, vêtu d'un châle à rayures verticales, est assis sur un siège en forme d'X; derrière lui se dresse un arbre. Celui de gauche, imberbe, vêtu

1. *Déc.*, pl. 43.

2. Ce cylindre a été par erreur placé dans la série des intailles de Sumer et d'Akkad. Il appartient plus probablement à une autre région, peut-être à Chypre. Une scène analogue se rencontre cependant sur des monuments suméro-akkadiens, par exemple sur les cylindres 724bis (*Glypt.*, I, fig. 119) et 725 de la Bibliothèque nationale.

de kaunakès, est assis sur un siège cubique au côté quadrillé; devant lui, en haut, le croissant; au milieu, un disque.

Entre eux un vase à panse sphérique surmontée d'un col évasé d'où s'élèvent deux tiges entre lesquelles, en haut, une étoile à six branches.

A droite du vase, un personnage, le corps de face, la tête de profil à gauche, les mains à la poitrine; il paraît vêtu d'un châle serré à la ceinture. Devant sa figure, un symbole, peut-être une étoile (!?).

Cylindre mutilé à la partie inférieure entre les personnages assis.

Haut., 36 mm.; diam., 23 mm.

Pl. II, fig. 23.

24. — Deux divinités vêtues d'un long châle et coiffées de la tiare à cornes, assises de profil en face l'une de l'autre, portent symétriquement une main à la ceinture et de l'autre tiennent en avant un objet indiscernable. Celle de droite est assise sur un tabouret dont le côté forme trois panneaux superposés; c'est une déesse, car une longue tresse de cheveux tombe sur son épaule. Près d'elle, dans le champ, un croissant. L'autre est assise sur un siège cubique; dans le champ, près d'elle, une étoile à huit branches.

Entre les deux, un personnage debout, le corps de face, la tête et les pieds de profil à droite, étend les deux mains et semble faire une libation sur deux autels[1] placés près de lui.

Haut., 14 mm.; diam., 8 mm.

Pl. II. fig. 24.

25. — Une divinité imberbe vêtue d'un long châle uni, les cheveux relevés, et coiffée de la tiare à cornes. Assise, de profil à gauche, sur un siège cubique, elle porte la main gauche à la ceinture et élève la main droite, de profil, à la hauteur de sa figure.

Vis-à-vis d'elle, deux personnages vêtus de châles à rayures verticales se tiennent debout, de profil à droite, la main droite à la ceinture, la main gauche levée, de profil, à la hauteur de la figure.

Haut., 19 mm.; diam., 9 mm.

Pl. II, fig. 25.

26. — Divinité vêtue d'un long châle, les cheveux en masse. Assise de

1. Comparer avec W. Hayes Ward, *Altars and Sacrifices in the primitive Art of Babylonia*, fig. 1, 2 et 3.

profil à gauche sur un siège cubique à petit dossier, elle porte la main gauche à la ceinture et tend la droite vers une table, en forme d'X, surmontée d'offrandes représentées par des lignes horizontales.

En face d'elle, un personnage aux longs cheveux, vêtu d'un long châle, porte la main droite à la ceinture et élève la main gauche.

Dans le champ, au-dessus de la table d'offrandes, un croissant.

Haut., 23 mm.; diam., 9 mm.

Pl. II, fig. 26.

MOULAGES

67. — La Haye, 62.
68. — Louvre, 454.
69. — **Guimet, 22.**
70. — La Haye, 59.
71. — Louvre, 456.
72. — **Guimet, 23.**
73. — **Guimet, 24.**
74. — La Haye, 49.
75. — La Haye, 38.
76. — La Haye, 40.
77. — **Guimet, 25.**
78. — La Haye, 39.
79. — **Guimet, 26.**

LE DIEU AUX AILES DE FLAMMES

Cherchant à trouver sur les monuments de Sumer et d'Akkad la confirmation des données de la Bible, G. Smith[1] rapportait à l'épisode de la Tour de Babel les cylindres où l'on voit un dieu entouré de flammes placé en arrière d'une montagne près de laquelle se trouve presque toujours une porte. Pour lui, la montagne représentait le monument construit par les hommes et le dieu n'était autre que la divinité vengeresse qui avait arrêté les travaux.

Menant[2] rejeta cette interprétation sans fondement; il crut, s'appuyant sur le poème de la *Descente d'Ištar aux Enfers*[3], reconnaître une des stations que, d'après la légende babylonienne, le défunt doit faire à chacune des sept portes du « pays d'où l'on ne revient pas ». Cette hypothèse ne put s'appliquer à d'autres scènes où figure le même dieu. Par une comparaison attentive, M. Heuzey[4] établit que le dieu aux ailes de flammes, c'est, en général, Šamaš, le dieu-soleil; la découverte du *Code de Hammurabi*[5] est venue confirmer cette induction : au sommet du monument le dieu Šamaš dictant les lois au roi de Babylone est entouré des mêmes rayons que sur les intailles.

Le dieu aux ailes de flammes paraît dès la première période dans le champ d'un cylindre[6]. A l'époque de la domination d'Agadé, sur une empreinte[7] du règne de Naram-Sin, il « franchit » un lion. Il figure aussi sur un cachet de Lugal-ušumgal, patesi de Širpurla[8]. Un autre[9], de la même

1. G. Smith. *The chaldæan account of Genesis*, p. 158.
2. *Glypt.*, I, p. 124-125.
3. P. Dhorme, *Choix de textes*, p. 326 et suiv.
4. L. Heuzey, *Mythes chaldéens*, *Revue archéologique*, 1895.
5. *Mémoires de la Délégation en Perse*, IV, pl. 3.
6. *Déc.*, pl. 30.
7. *Déc.*, p. 284.
8. *Déc.*, p. 285.
9. *Déc.*, p. 286.

époque, le montre, sur le point de franchir la montagne, recevant l'offrande d'un chevreau.

Le cycle des représentations commence au lever du soleil, alors que le dieu se dresse au-dessus de la montagne de l'Orient et s'apprête à franchir les portes du ciel [80-83]; là, déjà, il reçoit les hommages de ses fidèles [87-90]. Puis, ce sont les luttes contre les mauvais esprits qui essaient d'entraver sa course bienfaisante [86], surtout contre un dieu qui semble vouloir lui défendre l'approche d'une montagne, la montagne de l'Occident, derrière laquelle, le soir venu, il commence à disparaître, tandis que les démons se préparent à rôder[1].

Mais Šamaš est surtout « le grand juge des cieux et de la terre[2] », le dieu des oracles et de la divination. Certains sceaux le représentent aussi saisissant Ea-bani par l'oreille et par la queue [86], ou le frappant d'un coup de poignard[3].

Sa fiancée, c'est Aia. Leurs noms sont souvent inscrits ensemble dans les cartouches des cylindres. Elle est représentée, tout entourée de flammes, sur une intaille inédite du Musée du Louvre.

27. — Un dieu vêtu d'un châle à rayures verticales serré à la ceinture, coiffé de la tiare à cornes, les cheveux relevés en masse derrière la tête. De ses bras s'échappent des gerbes de flammes. De profil à gauche, le pied droit posé en avant sur une montagne, il porte la main gauche à la ceinture et de la main droite tient une palme.

De chaque côté, une déesse tient des deux mains un des battants d'une porte ouverte. Reconnaissables à la longue tresse de leurs cheveux, ces déesses, vêtues et coiffées comme le dieu, retournent la tête en arrière.

Derrière elles s'élève un arbre.

Haut., 28 mm.; diam., 17 mm.

Pl. II, fig. 27.

28. — Deux sujets. — Quatre personnages barbus, nus, le corps serré par une ceinture, coiffés de la tiare à cornes.

Dans l'une des scènes, un dieu entouré de flammes, coiffé de la tiare à

1. L. Heuzey, *Mythes chaldéens*, fig. 8.

2. Code de Hammurabi, verso, XXVII, 14 et suiv.

3. de Clercq, 181 *bis*. Une scène analogue est figurée sur un cylindre inédit du Musée du Louvre.

cornes, de profil à gauche, la tête retournée à droite, saisit, par la main gauche et par la barbe qu'il tire violemment en haut, un personnage qui tombe en arrière, le bras droit pendant.

L'autre scène est presque semblable : le dieu n'est pas entouré de flammes et c'est sur une éminence que tombe l'autre personnage.

Cylindre brisé à la partie inférieure.

Haut., 17 mm.; diam., 10 mm.

Pl. III, fig. 28.

29. — Un dieu barbu, les cheveux relevés en chignon, coiffé de la tiare à cornes. Il est vêtu d'un châle à rayures verticales serré à la ceinture. Le corps de face, la tête et les jambes de profil à gauche, il pose le pied droit sur une éminence. De la main droite levée il tient devant lui une palme; la main gauche abaissée s'appuie sur une masse d'armes. De chaque côté, des flammes semblent sortir de ses bras.

Vers lui s'avance un personnage barbu, vêtu d'un châle à rayures verticales serré à la ceinture. De la main gauche ramenée à la ceinture, il tient une sorte de bâton. De la droite il conduit par le poignet gauche un personnage barbu qui tient un chevreau sur son bras droit; ce dernier est vêtu du châle à franges.

Un quatrième personnage, vêtu du châle à franges, les cheveux relevés en chignon comme les trois autres, porte la main droite à la ceinture et de la gauche tient en avant un vase à anse.

Dans le champ, devant le dieu aux ailes de flammes, une masse d'armes; devant le porteur de chevreau, en haut, une étoile à huit branches et, en bas, un autel.

Collection de Morgan.

Haut., 33 mm.; diam., 19 mm.

Pl. III, fig. 28.

Bibl. — de Morgan, *Miss. scient. en Perse*, IV, fig. 161, 7.

Moulages

80. — Louvre (*Glypt.*, I, fig. 67).
81. — La Haye, 57.
82. — Louvre, 540 (*Glypt.*, I, fig. 71).
83. — **Guimet, 27.**
84. — Musée britannique.
85. — **Guimet, 28.**
86. — Musée britannique?
87. — La Haye, 56.
88. — **Guimet, 29.**
89. — Musée britannique.
90. — Louvre (*Glypt.*, I, fig. 60).

LE DIEU-SERPENT

Sur plusieurs cylindres figure un dieu barbu qui parait assis, mais dont le corps, à partir de la ceinture, est formé d'une longue queue de serpent quatre fois repliée sur elle-même et se redressant en arrière.

La Bibliothèque nationale[1] et la Collection de Clercq[2] possèdent chacune une intaille de cette série; deux autres se trouvent au Musée du Louvre.

Quant au dieu lui-même, c'est peut-être Siru, figuré sur tous les kudurru[3] par un énorme serpent.

30. — Un dieu barbu, vêtu d'un châle couvrant l'épaule droite, les cheveux relevés en masse, coiffé de la tiare à cornes. Il porte la main droite à la ceinture; la main gauche, en avant, tient une branche d'arbre. Il semble assis, mais, en réalité, à partir de la ceinture la partie inférieure du corps est remplacée par une queue de serpent qui forme quatre replis.

Devant lui est un trépied supportant un bassin d'où s'échappent des flammes.

De l'autre côté du trépied, un personnage vêtu du châle à franges porte la main gauche à la ceinture et élève la main droite à la hauteur de sa figure.

Derrière le dieu, un autre personnage, également vêtu du châle à franges, se tient de profil, le poing droit sur la hanche.

Dans le champ, au-dessus du trépied, un croissant; derrière le personnage, une étoile à huit branches.

Haut,, 35 mm.; diam., 22 mm.

Pl. III, fig. 30.

MOULAGE.

91. — **Guimet, 30.**

1. N° 718 (*Lajard*, XLII, 13).
2. N° 141.
3. *Mémoires de la Délégation en Perse*, tomes I et VII.

LE RECTANGLE AILÉ

Lajard a publié deux cylindres[1], l'un de la Bibliothèque nationale [93], l'autre du Musée britannique, sur lesquels, devant une divinité assise, un bovidé est couché de profil. Au-dessus de l'animal paraît un grand rectangle ailé assez semblable aux battants de porte qui figurent sur les intailles du cycle du dieu aux ailes de flammes, mais qui, d'après L. Heuzey[2], pourrait être un trépied dont on verrait seulement deux montants. Le même objet est encore figuré à la Bibliothèque nationale [95] entre deux divinités assises.

31. — Divinité assise de profil à droite sur un siège cubique, les cheveux relevés en masse. Vêtue de kaunakès, elle porte la main droite à la ceinture et tient le bras gauche en avant, la main ouverte. Devant elle, un taureau couché de profil, les cornes de face, la patte droite antérieure relevée en avant. Au-dessus du taureau, un grand rectangle divisé en deux compartiments inégaux rappelle les portes qui figurent sur certains cylindres [par exemple **27**]. Ce rectangle est muni d'une paire d'ailes éployées.

Une corde sort de derrière le rectangle ; elle est tendue par un personnage nu, genou gauche en terre, pied droit sur l'arrière-train du taureau. Ce personnage, barbu, la chevelure abondante, retourne la tête vers la droite. Il est coiffé d'un bonnet plat ; il lève la main gauche derrière l'aile du rectangle. Soit derrière lui, soit derrière la divinité, un palmier s'élève sur toute la hauteur du cylindre.

Dans le champ, devant la déesse, en haut, une étoile à huit branches.

Haut., 31 mm. ; diam., 20 mm.

Pl. III, fig. 31.

1. *Lajard*, XVIII, 1 et 2.

2. *Déc.*, p. 296. Le Louvre possède trois cylindres de ce cycle ; sur l'un d'eux, encore inédit, la divinité assise est caractérisée par des ailes de flammes.

32. — Divinité assise de profil à droite sur un siège indiqué par une série de longs traits horizontaux reliés à chaque extrémité à l'un des traits voisins par une petite ligne verticale. Elle est vêtue d'un long châle et coiffée de la tiare à cornes; ses cheveux semblent tressés. Elle porte la main droite à la ceinture et de la main gauche tient un lien attaché au museau d'un taureau couché de profil, les cornes de face, la patte droite antérieure relevée en avant.

Au-dessus du taureau, un grand rectangle divisé en deux compartiments et muni d'une paire d'ailes éployées. Un personnage debout, vêtu d'un long châle serré à la ceinture, tient de la main droite le montant du rectangle et de la main gauche saisit le taureau par la queue.

Haut., 21 mm.; diam., 10 mm.

Pl. III, fig. 32.

MOULAGES

92. — **Guimet, 31.**

93. — Bibl. nat., 706 (*Glypt.*, I, fig. 135).

94. — **Guimet, 32.**

95. — Bibl. nat., 719 (*Lajard*, LIV, 1).

MYTHES DIVERS

Sous ce titre nous réunissons un certain nombre de scènes dont le Musée Guimet ne possède que des moulages ; on y voit figurer le personnage moitié homme et moitié oiseau [96-98] [1], le dieu tenant le vase jaillissant [99] [2], une divinité tenant en main une branche d'arbre [100-102] [3], un dieu sur les épaules duquel sont deux têtes de lion [103], deux personnages assis à droite et à gauche d'un arbre [104] [4], les cueilleuses de dattes [106], une scène de guerre [107] [5], un lion attaquant un taureau [108].....

MOULAGES

96. — Bibl. nat., 722 (*Glypt.*, I, fig. 61).
97. — Vienne (*Glypt.*, I, fig. 62).
98. — La Haye, 47.
99. — Louvre (*Glypt.*, pl. III, fig. 4).
100. — La Haye, 63.
101. — La Haye, 51.
102. — Bibl. nat., 946 (*Glypt.*, pl. II, fig. 5)
103. — La Haye, 50.
104. — Musée britannique (*Glypt.*, pl. III, fig. 5).
105. — Louvre, 541.
106. — La Haye, 55.
107. — Musée britannique, 89137 (*Glypt.*, pl. III, fig. 1).
108. — Vienne (*Lajard*, XIX, 1).

1. Le personnage moitié homme moitié oiseau serait, d'après Menant (*Glypt.*, I, p. 107 et suiv.), le dieu Zu dont la légende raconte qu'il fut changé en oiseau. D'après d'autres interprètes, ce serait l'âme humaine désincarnée (Thomas Tyler, *The babylonian idea of a disembodied soul*, *BOR*, I, 1887, p. 55 et suiv. — H. Ward, *Some babylonian cylinders*, *ibid.*, p. III et suiv.).

2. Le dieu tenant le vase jaillissant c'est, selon L. Heuzey (*Le sceau de Goudéa*, *Rev. d'A.*, V, p. 131), le dieu Ea, seigneur de l'abîme. Sur une enveloppe inédite de l'époque d'Ur, conservée à la Bibliothèque nationale, le vase jaillissant est tenu par une déesse ; ailleurs (cf. nos 64 et 70), par le héros Gilgameš.

3. Cf. H. Ward, *A god of agriculture*, *AJA*, II (1886), p. 261 et suiv.

4. Ce cylindre a été interprété par G. Smith comme représentant Adam et Eve au paradis terrestre ; cette opinion est certainement erronée (Cf. *Glypt.*, I, p. 189).

5. Sceau de Ubil-Ištar ; époque de la domination d'Agadé.

LA VACHE SACRÉE

M. Scheil a jadis publié l'empreinte d'un cylindre babylonien[1] sur lequel figurent une vache et un veau qui tette. La collection du Musée Guimet possède un sujet qui se rapporte au même mythe. Il n'est peut-être pas trop présomptueux de considérer la déesse figurée sur cette intaille comme étant Ninharsag[2], la mère des dieux[3], dont rois et patesi disent qu'ils ont été nourris à son sein sacré[4].

33. — Divinité assise de profil à gauche, la tête tournée à droite. Elle porte la main gauche à la ceinture et de la main droite tient par un lien une vache debout, de profil, les cornes de face, accompagnée d'un veau qui tette. Sur le dos de la vache, un emblème formé d'une tige surmontée d'un croissant. Derrière elle, en haut, un scorpion; en bas, de profil à droite, un oiseau au long cou, probablement une autruche.

Haut., 23 mm.; diam., 12 mm.

Pl. III, fig. 33.

Bibl. — L. Delaporte, *Notes de glyptique orientale*, II, fig. 2, *Recueil de travaux...*, tome XXX, p. 227.

MOULAGE

109. — **Guimet, 33.**

1. V. Scheil, *Notes d'épigraphie et d'archéologie assyriennes*, XXXII, *Recueil de travaux...*, tome XX, p. 62.
2. Ninharsag signifie « la dame de la montagne ». Elle est citée après Anu et Enlil et avant Enki (Statue de Gudea, *ISA*, 115).
3. Statue de Ur-Bau, patesi de Širpula (*ISA*, 97).
4. Par exemple, Eannatum (*ISA*, 39), Entemena (*ISA*, 59), patesi de Širpurla, et Lugalzaggisi, roi d'Uruk (*ISA*, 219).

LE SCORPION SACRÉ

Sur les *kudurru*[1] de l'époque kassite, le scorpion est l'emblème de la déesse Išhara, dont le nom s'écrit d'ailleurs idéographiquement comme celui du scorpion. Cet animal se rencontre très fréquemment dans le champ des cylindres.

Un autre emblème formé d'une tige surmontée d'une tête de lion est, d'après le kudurru de Nazimaruttaš[2], le symbole de Meslamtaëa[3], divinité qui avait des temples à Širpurla[4] et à Kutha[5] à l'époque des rois d'Ur. On plaçait son image comme amulette dans l'enceinte des maisons[6]. Un cylindre[7] lui fut voué, ainsi qu'en témoigne l'inscription de douze cases gravée près de la scène : « A Meslamtaëa, le roi bras droit de Širpurla, pour la vie de Dungi le mâle fort, roi d'Ur, Kilulla-guzala, fils d'Urbaga, a fabriqué (ce

1. Les kudurru sont des titres de propriété rédigés à l'époque où les kassites régnèrent à Babylone (XVIIIe s. à XIVe s.); gravés sur d'énormes galets en pierre dure, ils sont à la partie supérieure ornés d'emblèmes divers. Le plus anciennement connu est le *Caillou Michaux*, conservé depuis 1802 à la Bibliothèque nationale. La plupart de ces documents ont été trouvés à Suse par la Délégation en Perse (Cf. *Mémoires de la Délégation en Perse*, t. I et VIII).

2. Le kudurru de Nazimaruttaš (*Mémoires de la Délégation en Perse*, t. I et II) donne une liste de 17 dieux auxquels correspondent 17 symboles, mais il est difficile de déterminer d'une façon absolument certaine la correspondance entre les dieux nommés et les emblèmes. Celui que l'on attribue *vraisemblablement* à Meslamtaëa (cf. H. Zimmern, *Die Göttersymbole des Nazimaruttaš-Kudurru*, dans K. Frank, *Bilder und Symbole babylonisch-assyrischer Götter*, *Leipziger Semitistische Studien*, II, 2, p. 40), paraît être cette tige recourbée, armée d'un tranchant convexe et surmontée d'une tête de lion, qui figure fréquemment dans le champ des cylindres à l'époque des rois d'Ur.

3. Meslamtaëa, c'est le dieu Nergal en tant que Seigneur de l'E-meslam, l'un des temples de Kutha.

4. Brique de Gudea, patesi de Širpurla (*ISA*, p. 199).

5. Copie d'une tablette de Dungi, roi d'Ur (*ISA*, p. 271).

6. IV R, 21 b, 22.

7. Musée britannique (*Glypt.*, I, fig. 86).

sceau). De ce sceau « Que mon roi, en son entendement bienveillant, vive! » tel est le nom[1]. »

34. — Deux personnages debout, de face, leurs têtes de profil l'une vers l'autre. Près de celui de gauche, l'arme symbolique à tranchant convexe terminée par une tête de lion. Celui de droite élève la main gauche; près de lui, un scorpion au-dessus duquel un emblème formé d'une tige divisée en angle à la partie inférieure et surmontée d'un croissant.

Haut., 15 mm.; diam., 7 mm.

Pl. III, fig. 34.

MOULAGE

110. — **Guimet, 34.**

1. D'après *ISA*, p. 279.

PRÉSENTATIONS

Les **Présentations** sont des scènes religieuses où un personnage est mis en rapport avec une divinité par l'intercession d'une autre divinité. Elles paraissent s'être développées surtout à l'époque de la domination d'Ur. Pour des raisons qui nous échappent, les graveurs ont indéfiniment reproduit les mêmes sujets sans grand souci de caractériser les dieux par des symboles différents ; aussi est-il préférable de les grouper par **Cérémonies**, d'autant que souvent il est difficile de discerner quel objet le dieu principal tient dans la main.

PREMIÈRE CÉRÉMONIE

La scène comporte essentiellement trois personnages : une divinité, d'ordinaire assise de profil à gauche, vers laquelle s'avance une autre divinité qui élève la main gauche de face et de la main droite conduit, en le tenant par le poignet, un personnage imberbe, la tête rasée, la main droite élevée devant sa figure [111].

Elle est représentée sur nombre de sceaux de l'époque d'Ur. Le plus connu, c'est celui de Hašhamer, patesi de Iškun-Sin, vassal de Ur-engur père de Dungi[1]. Il comporte quatre personnages, comme celui d'un scribe de Ugme patesi de Širpurla[2]. Citons encore ceux de Ur-DUN-PA-E[3] et de Ur-Ninâ[4], contemporains de Dungi ; de Ab-ba, scribe de Gudea[5] ; de Lu-annatum[6] et de Dug-X[7], au temps de Gimil-Sin. Et, parmi ceux qui présentent

1. Musée britannique, 89126, *Glypt.*, I, pl. IV, fig. 2. Cf. *ISA*, p. 268-9.
2. Louvre, AO. 3540, *RTC*, n° 259. Cf. *ISA*, p. 94-95.
3. Louvre, AO. 4198 (empreinte inédite). Fouilles du Commandant Cros à Telloh. Cf. *ISA*, p. 278-9.
4. Louvre, AO. 3545.
5. Ward. D'après Price, *Four babylonian seal Cylinders*, *AJSL*, XX, p. 115.
6. Musée britannique, 91023, *Glypt.*, I, fig. 75. Cf. *ISA*, p. 288-9.
7. Berlin, VAT. 697, *Glypt.*, I, fig. 74. Cf. *ISA*, p. 288-9.

un intérêt particulier, ne faut-il pas signaler le cachet de Ur-nigin-gar[1], scribe de Ur-lama patesi de Širpurla, dont la divinité principale tient un **vase jaillissant** au-dessus duquel un petit personnage debout, vêtu d'un châle long, élève la main; ou encore, le cylindre de Lugal-*me*[2], scribe de Gudea, dont la divinité se tient debout; et plus que tout autre, le cachet même du patesi Gudea[3] : le dieu introducteur se trouve, contrairement à l'usage général, caractérisé par un symbole, deux serpents qui s'élèvent au-dessus de ses épaules. D'après M. Heuzey, c'est Ningišzida, le patron personnel du patesi, qui présente son fidèle serviteur à un autre dieu, Ea, caractérisé par les vases jaillissants qu'il tient dans chaque main ou qui ornent le bord de son siège et lui servent de marchepied. La scène comporte un quatrième personnage qui élève les deux mains : la parèdre de Ningišzida; elle est suivie d'un quadrupède fantastique à tête de serpent. Ce sujet est le plus développé et le plus intéressant de la première cérémonie.

La divinité principale est coiffée de la tiare à cornes [Gudea] ou du turban [Hašhamer], vêtue le plus souvent de kaunakès. Son siège, un simple tabouret cubique [112, 113, 115-118, 120, 122, 124, 129, 133, 135, 138 bis], un riche fauteuil [119, 134], ou le tabouret couvert de kaunakès [123]. La main gauche est ramenée à la poitrine; la main droite est étendue de face en avant [113-117] ou tient un objet, vase [123-136] ou autre [137]. Quelquefois un animal symbolique sert de marchepied[4].

Les cylindres 139-144 (**41**) ont pour sujet la présentation à une divinité debout.

L'autre divinité est vêtue de kaunakès, parfois du châle à franges. Elle est toujours coiffée de la tiare multicorne.

Dans le champ, le croissant seul [113, 114, 115, 132, 134] ou surmonté du disque [139]; une tige courbée, armée d'un tranchant convexe et terminée par une tête de lion [139]; une tige surmontée d'un globe [132]; le petit personnage aux jambes arquées [133], la tête en bas [134]; le vase [133, 135] et le bâton de mesure [123, 135]; le cercopithèque [133, 137]; un oiseau à long col

1. Louvre, AO. 3548 et 3549. Cf. *ISA*, p. 210-1.

2. de Clercq, 84. Cf. *ISA*, p. 208-9.

3. Louvre, AO. 3541. Heuzey, *Le sceau de Goudéa. Nouvelles recherches sur quelques symboles chaldéens*, *Rev. d'A.*, V, 1902, p. 129-139. — Le même, *Les deux dragons sacrés de Babylone et leur prototype chaldéen*, *Rev. d'A.*, VI, 1906, p. 95-104.

4. de Clercq, 106.

123, 124, 125]; l'aigle héraldique [119, 144]..... Devant le dieu principal, un serpent [120] ou une table d'offrandes [135]..... S'il y a un quatrième personnage, c'est une divinité qui élève les deux mains [Gudea, Hašhamer]; Gilgameš, les mains serrées contre la poitrine [123]; Ea-bani tenant un emblème formé d'une tige surmontée d'un disque[1].....

35. — Une divinité imberbe, aux longs cheveux relevés, vêtue de kaunakès et coiffée de la tiare à cornes. Elle est assise, de profil à gauche, sur un siège cubique, les pieds posés sur un degré. Elle porte la main gauche à la ceinture et tient la main droite étendue de face, en avant.

Vis-à-vis, de profil à droite, une divinité imberbe, aux longs cheveux relevés, vêtue d'un châle à rayures verticales et coiffée de la tiare à cornes. Elle élève la main gauche de face et de la main droite conduit, en le tenant par le poignet gauche, un personnage imberbe qui élève la main droite. Il a la tête rasée et est vêtu du châle à franges.

Dans le champ, devant la divinité assise, le croissant.

Traces d'une inscription de deux lignes.

Haut., 25 mm.; diam., 14 mm.

Pl. III, fig. 35.

36. — Une divinité imberbe, aux longs cheveux relevés, vêtue de kaunakès et coiffée de la tiare à cornes. Assise, de profil à gauche, sur un siège à dossier recourbé, elle porte la main gauche à la ceinture et étend la main droite en avant.

Vis-à-vis, de profil à droite, une divinité imberbe, aux longs cheveux relevés, vêtue de kaunakès et coiffée de la tiare à cornes. Elle élève la main gauche de face à la hauteur de sa figure et de la main droite conduit, en le tenant par le poignet gauche, un personnage qui élève la main droite de profil.

Dans le champ, devant la divinité assise, en haut, le croissant.

Une inscription d'une ligne donne un nom divin :

[d.] en-zu. [le dieu] Enzu.

Ce cylindre est mutilé; il manque le bas du corps des deux premiers personnages.

Haut., 22 mm.; diam. 10 mm.

Pl. III, fig. 36.

1. de Clercq, 112.

37. — Une divinité imberbe, aux longs cheveux relevés, coiffée de la tiare à cornes. Assise, de profil à gauche, elle porte la main gauche à la ceinture et tient la main droite étendue ouverte en avant. Son poignet droit est orné d'un bracelet.

Vis-à-vis, de profil à droite, une divinité imberbe, aux longs cheveux relevés, vêtue de kaunakès et coiffée de la tiare à cornes. Elle élève la main gauche et de la main droite conduit, en le tenant par le poignet gauche, un personnage imberbe qui élève la main droite. Ses cheveux courts sont soigneusement ondulés et il est vêtu du châle à franges.

Dans le champ devant la divinité asssise, en haut, le croissant; au milieu, le vase strié ; entre les deux autres personnages, en bas, le bâton de mesure.

Derrière la divinité assise, un chien passant à gauche, la queue relevée. Au-dessus de lui, un cartouche de deux lignes dans lequel on lit :

$^{d.}$ babbar,	[le dieu] Babbar;
$^{d.}$ a-a.	[la déesse] Aia.

Haut., 25 mm.; diam., 14 mm.
Pl. III, fig. 37.

38. — Un dieu à longue barbe, vêtu d'un châle orné et coiffé du turban. Assis, de profil à gauche, sur un tabouret couvert de kaunakès, il porte la main gauche à la ceinture et de la droite tient en avant un petit vase.

Vis-à-vis, de profil à droite, une divinité imberbe, vêtue du châle à rayures verticales et coiffée de la tiare à cornes. Elle élève la main gauche et de la main droite conduit, en le tenant par le poignet gauche, un personnage barbu qui élève la main droite. Ses cheveux courts sont soigneusement ondulés et il est vêtu du châle à franges.

Dans le champ, devant le dieu assis, en haut, un croissant (dont la majeure partie a disparu par mutilation du cylindre) ; au milieu, passant à droite, un oiseau. Entre les deux autres personnages, en haut, le vase strié ; en bas, le bâton de mesure.

Le sujet comporte encore un Gilgameš nu, le haut du corps de face, les jambes de profil à droite ; il tient les mains serrées contre sa poitrine. Une inscription de deux lignes donne le nom du possesseur.

Ur-$^{d.}$ nanna(r)	Ur-Nannar,
dumu lù-$^{d.}$ immer.	fils de Lu-Immer.

Haut., 30 mm.; diam., 16 mm.
Pl. III, fig. 38.

39. — Un dieu vêtu d'un châle orné, les cheveux courts soigneusement ondulés. Assis, de profil à gauche, sur un siège à dossier, il porte la main gauche à la ceinture et de la main droite tient en avant un petit vase.

Vis-à-vis, de profil à droite, une divinité imberbe, vêtue d'un châle à rayures verticales, élève la main gauche de face et de la main droite conduit, en le tenant par le poignet gauche, un personnage imberbe qui élève la main droite. Ses cheveux courts sont soigneusement ondulés et il est vêtu du châle à franges.

Dans le champ, devant la divinité assise, en haut, le croissant ; au milieu, une étoile à huit branches. Derrière elle, sur une colonne, le petit personnage aux jambes arquées, le corps de face, la figure de profil à droite, porte la main gauche à la ceinture et élève la main droite. Entre les deux autres personnages, en haut, le vase strié ; en bas, le bâton de mesure.

Haut., 16 mm. ; diam., 9 mm.
Pl. III, fig. 39.

40. — Un dieu à longue barbe, vêtu de kaunakès. Assis de profil à gauche, il porte la main gauche à la ceinture et de la droite tient en avant un objet.

Vis-à-vis, de profil à droite, une divinité vêtue de kaunakès. Elle élève la main gauche et de la main droite conduit, en le tenant par le poignet gauche, un personnage, vêtu du châle à franges, qui élève la main droite.

Dans le champ, devant le dieu assis, en haut, un croissant ; au milieu, traces d'un objet. Derrière lui, en bas, un scorpion passant vers le haut ; en haut, peut-être un oiseau à longues pattes.

Une inscription de deux lignes, presque effacée, donnait le nom du possesseur et sa filiation.

Cylindre roulé.
Haut., 27 mm. ; diam., 15 mm.
Pl. III, fig. 40.

41. — Divinité de profil à gauche.

Vers elle s'avance un personnage, de profil à droite ; il élève la main gauche et de la main droite conduit, en le tenant par le poignet gauche, un autre personnage, qui élève la main droite.

Derrière la divinité, un serpent dressé vers elle ; devant, un aigle aux ailes éployées.

Haut., 20 mm.; diam., 10 mm.
Pl. III, fig. 41.

MOULAGES

111. — Souby-Bey (*Glypt.*, I, fig. 78).
112. — Louvre?
113. — **Guimet, 35.**
114. — Louvre?
115. —
116. — Louvre?
117. — **Guimet, 36.**
118. — Louvre?
119. — La Haye, 26.
120. — Louvre (*Glypt.*, I, fig. 77).
121. —
122. — **Guimet, 37.**
123. — **Guimet, 38.**
124. —
125. — Louvre?
126. —
127. — La Haye, 32.
128. — La Haye, 30.
129. —
130. — **Guimet, 39.**
131. — **Guimet, 40.**
132. — Louvre?
133. — La Haye, 28.
134. — La Haye, 29.
135. —
136. —
137. — La Haye, 27.
138. — La Haye, 31.
138 *bis*. La Haye, 42.
139. — La Haye, 72.
140. — La Haye, 73.
141. — La Haye, 74.
142. — La Haye, 75.
143. — La Haye, 76.
144. — **Guimet, 41.**

DEUXIÈME CÉRÉMONIE

La scène comporte parfois deux personnages[1], presque toujours trois : une divinité, d'ordinaire assise de profil à gauche, vis-à-vis de laquelle se tiennent debout un personnage, les mains serrées l'une dans l'autre dans la pose des statues de Gudea[2], et une divinité qui élève les mains de face.

Ce sujet, comme le précédent, est traité à l'époque des rois d'Ur et d'Isin, mais il présente moins de variété dans le costume des personnages. Sous le règne de Dungi, il est gravé sur le sceau du scribe Ur-Pa[sag?][3]. Arad-Nannar, sukkal-mah de Gimil-Sin, adopte la même scène[4]. Le sceau

1. de Clercq, 121.
2. Musée du Louvre, Cf. *Déc.*, pl. 9 et suiv.
3. *Déc.*, p. 308.
4. Louvre, AO. 2450, *Déc.*, p. 310.

de Ur-Enlil [1] est plus intéressant : près du trône, décoré d'une tête d'animal, se tient un lion accroupi et, derrière, un autre lion dressé tient un emblème au-dessus duquel est gravé l'aigle léontocéphale. Citons encore le cylindre du scribe Lu-Enlilla [2], contemporain de Bur-Sin, roi d'Isin.

La divinité assise est presque toujours un dieu barbu, vêtu d'un châle orné et coiffé du turban ; d'ordinaire, il tient un vase de la main droite ; son siège, un tabouret à pieds droits réunis par des traverses, couvert de kaunakès et posé sur un degré.

Le second personnage est imberbe, la tête rasée, vêtu d'un châle à franges. La divinité qui l'introduit est coiffée de la tiare multicorne et vêtue de kaunakès.

Dans le champ on trouve le croissant seul [145, 148, etc]. ou surmonté d'un disque [153, 154, 155], la tige courbée armée d'un tranchant et surmontée d'une tête de lion [150, 151 (**42**), 158 (**44**), 161] ; le petit personnage aux jambes arquées [155, 156, 160, 161] ; le vase et le bâton de mesure [151 (**42**), 152, 153, etc.] ; le cercopithèque [151 (**42**), 153, etc.] ; le bâton recourbé [161]... S'il y a un quatrième personnage, il est placé derrière la divinité principale et élève une main [156], ou porte le sceau à anse et présente le cornet [158 (**44**)] ; ou bien, placé derrière la divinité qui élève les deux mains, c'est Ea-bani tenant un emblème [3] ou luttant avec un lion [4] ; Gilgameš, combattant le taureau [162] ; un homme vêtu d'un châle court, la main élevée [5].....

42. — Un dieu à longue barbe, vêtu d'un châle orné et coiffé du turban. Il est assis de profil à gauche sur un tabouret couvert de kaunakès et pose les pieds sur un degré dont le côté est formé de deux panneaux. Il porte la main gauche à la ceinture et de la droite tient en avant un petit vase. Il a un bracelet au poignet droit.

Vis-à-vis, un personnage vêtu du châle orné, les deux mains serrées l'une dans l'autre, le corps de face, la tête de profil à droite.

Derrière lui, de profil à droite, une divinité imberbe élève les deux mains. Elle est vêtue de kaunakès, les cheveux longs relevés et coiffée de la

1. *Déc.*, p. 309.
2. Berlin, VA. 2720, Lehmann, *Ein Siegelcylinder König Bur-Sin's von Isin*, *Beiträge zur Assyriologie*, II, p. 590.
3. Bibl. nat., 761.
4. de Clercq, 135.
5. Bibl. nat., 742.

tiare multicorne ; des bracelets ornent ses poignets ; le long de son dos, une ligne.

Dans le champ, devant le dieu assis, en haut, un croissant ; en bas, un cercopithèque de profil à gauche. Derrière lui, le symbole formé d'une longue tige courbée, armée d'un tranchant et surmontée d'une tête de lion. Entre les deux autres personnages, en haut, le vase strié ; en bas, le bâton de mesure.

Ligne de terre.

Une inscription de deux lignes se lit :

d. babbar	[le dieu] Babbar.
d. a-a.	[la déesse] Aia.

Haut., 28 mm. ; diam., 17 mm.

Pl. IV, fig. 42.

43. — Un dieu à longue barbe, vêtu d'un châle orné et coiffé du turban. Assis de profil à gauche sur un tabouret recouvert de kaunakès, les pieds posés sur un degré, il porte la main gauche à la ceinture et de la main droite tient en avant un petit vase.

Vis-à-vis, un personnage aux cheveux courts et ondulés, vêtu du châle orné, les deux mains serrées l'une dans l'autre, le corps de face, la tête à droite.

Derrière lui, de profil à droite, une divinité imberbe élève les deux mains. Elle est vêtue d'un châle à rayures verticales, les cheveux relevés, et coiffée de la tiare multicorne. Ses poignets sont ornés de bracelets.

Dans le champ, devant le dieu assis, en haut, un croissant ; en bas, un cercopithèque de profil à droite. Entre les deux autres personnages, en haut, le vase strié ; en bas, le bâton de mesure.

Une inscription de deux lignes portait deux noms divins ; le cylindre est mutilé et il ne reste que les signes déterminatifs 𒀭.

Haut., 19 mm. ; diam., 10 mm.

Pl. IV, fig. 43.

44. — Un dieu à longue barbe, vêtu d'un châle orné et coiffé du turban. Il est assis, de profil à gauche, sur un tabouret recouvert de kaunakès et pose les pieds sur un degré. Il porte la main gauche à la ceinture et de la droite tient en avant un cornet.

Vis-à-vis, un personnage vêtu du châle orné, les deux mains serrées l'une dans l'autre, la tête rasée, le corps de face, la figure de profil à droite.

Derrière lui, de profil à droite, une divinité imberbe élève les deux mains de face. Elle est vêtue de kaunakès, les cheveux longs relevés, et coiffée de la tiare multicorne.

Derrière le dieu assis, l'emblème formé d'une tige recourbée, armée d'un tranchant convexe et surmontée d'une tête de lion; de profil à gauche, un personnage nu, imberbe, la tête rasée, tient de la main droite un vase à anse et de la main gauche présente un cornet.

Dans le champ, devant la divinité principale, en haut, le croissant surmonté d'un disque; au milieu, un quadrupède accroupi de profil à droite, la tête surmontée d'une corne recourbée.

Haut., 25 mm.; diam., 13 mm.

Pl. IV, fig. 44.

Moulages

145. —
146. —
147. —
148. —
149. — La Haye, 33.
150. —
151. — **Guimet, 42.**
152. — La Haye, 34.
153. —
154. — La Haye, 35.
155. — Louvre, 542.
156. — Bibl. nat., 789.
157. — **Guimet, 43.**
158. — **Guimet, 44.**
159. — Louvre, 543.
160. —
161. — La Haye, 36.
162. —

AUTRES CÉRÉMONIES

Un certain nombre de scènes présentent une disposition nouvelle des deux personnages qui se tiennent en présence du dieu. Voici encore, comme dans la seconde cérémonie, un personnage dont les mains sont serrées l'une dans l'autre; celui qui le présente élève la main droite [165 (**45**), 166 (**46**)]; ailleurs, l'un et l'autre élèvent une main [172 (**47**)], ou bien le second personnage élevant les deux mains, le premier en élève[1] [180] ou abaisse [181] une seule; enfin le cas se présente encore où le premier élevant une main, le second a les mains serrées l'une dans l'autre [184 (**52**)].

Quant au dieu à qui se fait la présentation, il est tantôt assis [165, 166] tenant en main un vase ou un cornet, tantôt il se tient debout, la main abaissée, tenant un **couteau-scie** [183, 184] ou quelque autre emblème.

La plupart de ces intailles paraissent avoir été gravées à l'époque de la première dynastie babylonienne.

45. — Un dieu à longue barbe, aux cheveux courts et ondulés, vêtu d'un châle orné. Assis, de profil à gauche, sur un siége à panneaux dont les montants sont recourbés, il porte la main gauche à la ceinture et de la droite tient en avant un objet (effacé).

Vis-à-vis, un personnage aux cheveux courts et ondulés, vêtu du châle à franges, les mains serrées l'une dans l'autre.

Derrière lui, de profil à droite, un personnage aux cheveux courts et ondulés, également vêtu du châle à franges, porte la main gauche à la poitrine et élève la main droite.

Il est suivi d'un quadrupède ailé dressé de profil à droite; cet animal a

1. Ce geste est celui du roi Hammurabi en présence du dieu Šamaš qui lui dicte les lois (Bas-relief gravé au sommet du *Code*). C'est aussi celui d'un personnage sur un sceau de l'époque de Dungi, roi d'Ur (185).

la tête et les membres antérieurs d'un lion, la queue et les membres postérieurs d'un aigle[1]; il semble tenir un emblème.

Haut., 23 mm.; diam., 13 mm.

Pl. IV, fig. 45.

46. — Un dieu à longue barbe, coiffé du turban. Assis de profil à gauche sur un tabouret recouvert de kaunakès, les pieds sur un degré, il porte la main gauche à la poitrine et de la main droite tient en avant un objet triangulaire.

Vis-à-vis de lui deux personnages : le premier a les mains serrées l'une dans l'autre; le second porte la main gauche à la ceinture, et élève la main droite à la hauteur de la figure.

Derrière eux, nu ou peut-être vêtu d'un châle court, un personnage de profil à droite porte sur l'épaule droite une arme recourbée; de la main gauche il tient une palme (?).

Dans le champ, devant le dieu assis, en haut, un croissant surmonté d'un disque dans lequel est inscrite une croix; en bas, le vase strié. Entre les deux personnages suivants, en haut, deux globes; en bas, le bâton de mesure. Devant le personnage nu, peut-être un cercopithèque de profil à droite.

Haut., 28 mm.; diam., 12 mm.

Pl. IV, fig. 46.

47. — Divinité aux cheveux courts et ondulés, vêtue de kaunakès. Assise de profil à gauche sur un siège de kaunakès, elle porte la main gauche à la ceinture et de la main droite tient en avant un objet indéterminable.

Vers elle s'avancent deux personnages : le premier, coiffé de la tiare à cornes et vêtu de kaunakès; le second, les cheveux courts et ondulés, vêtu du châle à franges. L'un et l'autre élèvent la main gauche.

Derrière eux, un dieu coiffé de la tiare multicorne et vêtu d'un châle court, tient de la main droite une sorte de lance, de la main gauche une foudre et le lien d'un taureau couché de profil à droite, les cornes de face, au-dessous de lui[2].

Dans le champ, devant la divinité assise, en haut, un croissant surmonté d'un disque.

1. Cet être composite se retrouvera en Assyrie. Cf. n° **100**.
2. Sur le dieu à la foudre, cf. n°s **81** et suiv.

Cylindre mutilé.

Haut., 21 mm.; diam., 10 mm.

Pl. IV, fig. 47.

48. — Une divinité imberbe, aux cheveux courts et ondulés, vêtue de kaunakès. Assise de profil à gauche sur un tabouret recouvert de kaunakès, elle tient en avant, de la main droite, un petit vase.

Vers elle s'avancent deux personnages : le premier, vêtu de kaunakès, coiffé de la tiare à cornes, les cheveux relevés, élève la main gauche de face; le second, les cheveux courts et ondulés, vêtu du châle à franges, élève la main droite de face.

Derrière eux, une ligne horizontale accompagnée à droite d'une sorte de main placée verticalement. Au-dessous, un lion couché de profil à droite, la queue relevée; au-dessus, un taureau de profil à droite, les cornes de face, la queue dressée.

Dans le champ devant la divinité assise, en haut, un croissant surmonté d'un disque dans lequel est inscrite une sorte de croix; près du disque, deux mouches. Entre les deux autres personnages, en haut, une étoile à huit branches.

Haut., 19 mm.; diam., 11 mm.

Pl. IV, fig. 48.

49. — Même sujet que le précédent, mais les animaux se trouvent placés devant les deux personnages debout et il n'y a aucun emblème dans le champ, sauf l'étoile à huit branches placée derrière le taureau.

Haut., 17 mm.; diam., 9 mm.

Pl. IV, fig. 49.

50. — Une divinité imberbe, aux cheveux courts et ondulés, vêtue de kaunakès. Elle est assise, de profil à gauche, sur un siège de kaunakès. De la main gauche elle tient en avant un petit objet.

Vers elle s'avancent trois personnages aux cheveux courts et ondulés, vêtus de châles à rayures transversales. Ils portent la main gauche à la ceinture et élèvent la main droite.

Dans le champ, devant la divinité assise, en haut, un croissant surmonté d'un disque.

Haut., 21 mm.; diam., 11 mm.

Pl. IV, fig. 50.

51. — Divinité de profil à gauche, coiffée de la tiare multicorne, vêtue d'un châle à rayures verticales serré à la ceinture. Elle porte la main gauche à la poitrine et tient le bras droit abaissé en avant.

Vis-à-vis d'elle, un personnage de profil à droite, vêtu d'un long châle, la main gauche à la poitrine, la main droite élevée.

Entre eux, en haut, une tige surmontée d'un croissant; en bas, probablement un aigle aux ailes éployées.

En dehors de la scène, un quadrupède accroupi, de profil à gauche, la tête surmontée d'une haute tige incurvée formant corne; un serpent dressé; une lance à manche court[1]; une autre tige surmontée d'une sorte de main. Ces deux derniers symboles sont gravés sur un cartouche grossièrement effacé.

Haut., 21 mm.; diam., 10 mm.
Pl. IV, fig. 51.

52. — Divinité de profil à gauche, coiffée de la tiare multicorne, vêtue d'un long châle à rayures verticales laissant à découvert la jambe droite posée en avant sur un escabeau (?). Elle porte la main gauche à la poitrine et tient le bras droit abaissé en avant.

Vis-à-vis d'elle, de profil à droite, un personnage coiffé du turban, vêtu d'un long châle laissant à découvert la jambe gauche. Il porte la main gauche à la ceinture et élève la main droite. Il est suivi d'un autre personnage, vêtu d'un long châle, les mains serrées à la ceinture.

Devant la divinité, en haut, un emblème formé d'une tige surmontée d'un croissant. Entre les deux autres personnages, en haut, le vase; en bas, le bâton de mesure.

Une seconde scène comporte deux personnages : une divinité, de face, coiffée de la tiare à cornes, vêtue de kaunakès, la main gauche à la ceinture, la main droite étendue.

A gauche, un personnage, de profil à droite, coiffé du turban, vêtu d'un long châle orné au bas, la main gauche à la ceinture, la main droite étendue vers la divinité.

Devant lui, en bas, un bras gauche (?). En haut, derrière lui, la mouche.

Haut., 20 mm.; diam., 11 mm.
Pl. IV, fig. 52.

1. Symbole du dieu Marduk.

Moulages

163. — Louvre ?
164. —
165. — **Guimet, 45.**
166. — **Guimet, 46.**
167. —
168. —
169. —.
170. —
171. — La Haye, 79.
172. — **Guimet, 47.**
173. — **Guimet, 48.**
174. — **Guimet, 49.**
175. — **Guimet, 50.**
176. — La Haye, 53.
177. —
178. —
179. —
180. —
181. — La Haye, 43.
182. — Louvre, 552.
183. — **Guimet, 51.**
184. — **Guimet, 52.**

LE PALMIER SACRÉ

Sur deux cylindres[1] qui, d'après leurs inscriptions, furent voués, l'un à Meslamtaëa [185], l'autre à Nusku, « pour la vie de Dungi, le mâle fort, roi d'Ur », la scène est caractérisée par la présence, devant le dieu principal, d'un vase d'où s'élève une palme entre deux inflorescences. Le même objet se retrouve sur deux intailles du Musée Guimet.

53. — Divinité de profil à gauche, la jambe droite en avant, le bras gauche appuyé sur une arme courbe à tranchant convexe, la main droite étendue ouverte en avant vers un vase d'où s'élève une palme entre deux inflorescences.

Un personnage, vêtu de kaunakès, se tient debout près du vase, la main droite à la poitrine, la main gauche levée tenant un objet peu visible, probablement un vase à libations.

Derrière lui, une table aux pieds anguleux chargée d'offrandes que présente un personnage vêtu du châle à franges, la main droite à la ceinture, la main gauche levée.

Cylindre roulé.
Haut., 20 mm.; diam., 11 mm.
Pl. IV, fig. 53.

54. — Personnage barbu, les cheveux courts et ondulés, de profil à gauche. Devant lui, un autre personnage, imberbe, les cheveux courts et ondulés, vêtu du châle à franges, la main gauche à la ceinture; la main droite levée tient un objet effacé, probablement un vase à libations, car le cylindre porte encore deux petits traits semblables à ceux qui, d'ordinaire, repré-

1. *Glypt.*, I, fig. 86 et 87. Le premier appartient au Musée britannique, l'autre fait partie de la Collection de Clercq (n° 86).

sentent le liquide. Entre eux, un grand vase d'où s'élève une palme entre deux inflorescences.

Entre le premier personnage et la palme, en haut, un oiseau à long col.

Haut., 18 mm.; diam., 9 mm.

Pl. IV, fig. 54.

MOULAGES

185. — Musée britannique (*Glypt.*, 1, fig. 86).

185 *bis*. La Haye, 23.

186. — Louvre, 449.

187. — **Guimet, 53.**

188. — **Guimet, 54.**

DIVINITÉ AU COUTEAU-SCIE

Une divinité est représentée vêtue d'un châle à rayures verticales qui laisse à découvert la jambe droite posée en avant sur un escabeau. De la main droite abaissée elle tient un objet nommé par Menant[1] le « Couteau sacré », et qui paraît en effet formé d'une lame dentée comme une scie. La nature de cet attribut n'est d'ailleurs pas encore déterminée.

Les sujets où figure cette divinité sont très variés : la voici, par exemple, ayant en face d'elle une chimère [189] ou un personnage qui élève la main droite [190, 191, 197 (**55**), 198-200] et quelquefois est suivi d'un autre personnage qui élève les deux mains [199] ou du personnage à la masse d'armes [200].

Plus souvent, la scène représente l'offrande du chevreau, cérémonie qui d'ailleurs n'est pas spéciale à cette divinité [213, 214, 214 *bis*, 267]. L'offrant — parfois c'est Ea-bani [212] — est tantôt seul, tantôt accompagné d'une déesse qui élève les deux mains [206-212 *bis*] ou les tient serrées l'une dans l'autre [215 (**60**)].

Parfois, il y a une seconde scène [208 (**58**)] : Gilgameš luttant avec Ea-bani [207]; un lion [209] ou un être fantastique [212] attaquant un personnage...

55. — Un dieu barbu, coiffé de la tiare à cornes, les cheveux serrés derrière la tête; la main droite abaissée en avant tient un couteau-scie; la main gauche est ramenée à la ceinture. Il est vêtu d'un châle à rayures verticales, serré à la ceinture, laissant à découvert la jambe droite tendue en avant et posée sur un escabeau (?).

Devant lui, de profil à droite, un personnage imberbe, aux cheveux courts et ondulés, vêtu du châle à franges, porte la main gauche à la ceinture et élève la main droite. Il est suivi d'une divinité vêtue de kaunakès et coiffée de la tiare multicorne, les deux mains élevées de face.

1. *Glypt*, I, p. 146.

Dans le champ, devant le dieu, en haut, un croissant surmonté d'un disque dans lequel est inscrite une étoile à quatre branches ; en bas, une tête de profil à droite. Entre les deux autres personnages, en haut, un vase ; en bas, le bâton de mesure.

Collection de Morgan.

Haut., 25 mm. ; diam., 13 mm.

Pl. IV, fig. 55.

Bibl. — de Morgan, *Miss. scient. en Perse,* IV, fig. 162, 3.

56. — Debout, de profil à gauche, une divinité vêtue d'un châle à rayures verticales serré à la ceinture et coiffée de la tiare multicorne, le pied droit sur un escabeau (?). Elle porte la main gauche à la poitrine ; la main droite abaissée tient un couteau-scie.

Vis-à-vis un personnage, coiffé du turban et vêtu d'un châle laissant à découvert la jambe gauche, présente un chevreau qu'il tient sur le bras gauche.

Derrière lui, une divinité vêtue de kaunakès, coiffée de la tiare multicorne, les mains serrées à la poitrine.

Une inscription de deux lignes donne deux noms divins :

$^{d.}$ en-ki	[le dieu] Enki ;
$^{d.}$ dam-gal-nun-na.	[la déesse] Damgalnunna.

Cylindre mutilé : il manque le pied droit de la divinité principale et l'objet sur lequel il est posé.

Haut., 27 mm. ; diam., 15 mm.

Pl. IV, fig. 56.

57. — Une divinité debout, de profil à gauche, le pied droit posé sur un escabeau. Vêtue d'un châle à rayures verticales laissant à découvert la jambe droite, elle est coiffée de la tiare multicorne. La main gauche est ramenée à la poitrine ; la main droite abaissée tient un couteau-scie.

Un personnage, barbu, coiffé du turban, vêtu d'un châle orné laissant à découvert la jambe gauche, lui présente un chevreau qu'il tient sur le bras gauche.

Derrière lui, les deux mains élevées, une divinité vêtue de kaunakès, coiffée de la tiare multicorne.

Dans le champ, devant la divinité principale, en haut, un croissant surmonté d'un disque; en bas, accroupi de profil à droite, un animal sur la tête duquel s'élève une tige recourbée. Entre les deux autres personnages, en haut, un vase strié; en bas, le bâton de mesure.

Une inscription de deux lignes se lit :

ilu EN-LIL-iš-me-a-ni	Enlil-išmeani,
arad ilu Nin-si-an-na.	serviteur de [la déesse] Nin-sianna.

Haut., 24 mm.; diam., 15 mm.
Pl. IV, fig. 57.

58. — Deux sujets. — Un dieu barbu, vêtu d'un châle à rayures verticales, coiffé de la tiare multicorne. Le corps de face, la tête et les jambes de profil à gauche, le pied droit posé en avant sur un escabeau, il porte la main gauche à la poitrine, et de la main droite légèrement avancée tient un couteau-scie.

Vis-à-vis, un personnage barbu, coiffé du turban, vêtu d'un châle orné, présente un chevreau qu'il tient sur le bras gauche.

Il est suivi d'une divinité vêtue de kaunakès et coiffée de la tiare multicorne, qui élève les deux mains. Ses poignets sont ornés de bracelets.

Dans le champ, devant le dieu, traces d'un croissant surmonté d'un disque.

Dans la seconde scène, une déesse vêtue d'un châle à rayures verticales et coiffée de la tiare multicorne, le corps de face, la tête et les jambes de profil à gauche, pose le pied droit en avant sur un lion couché. Elle porte la main droite à la poitrine et de sa main gauche abaissée s'appuie sur une arme courbe à tranchant convexe.

En face d'elle, debout sur une estrade et de profil à droite, un personnage, vêtu d'un châle court et la tête rasée, tient de la main gauche un vase à anse et de la main droite présente un cornet.

Haut., 22 mm.; diam., 12 mm.
Pl. IV, fig. 58.

59. — Dieu barbu, coiffé de la tiare multicorne, vêtu d'un châle à rayures verticales laissant à découvert la jambe droite posée sur un escabeau. De profil à gauche, il porte la main gauche à la poitrine et de la main droite abaissée tient un couteau-scie. Dans le champ, le croissant.

Vis-à-vis de lui, un personnage court vêtu, une mèche de cheveux sur le front, tient de la main gauche un vase à anse et de la main droite présente un cornet.

Une seconde scène représente un bouquetin de profil à droite, accroupi sur une éminence, la tête retournée en arrière vers un lion dressé, la queue relevée, qui s'apprête à le dévorer.

Haut., 21 mm; diam., 10 mm.

Pl. IV, fig. 59.

60. — Dieu coiffé de la tiare multicorne, vêtu d'un châle à rayures verticales serré à la ceinture, laissant à découvert la jambe droite posée en avant sur un escabeau (?). De profil à gauche, il porte la main gauche à la ceinture et de la main droite abaissée tient une couronne.

Un personnage lui présente un chevreau qu'il porte sur le bras gauche. Il est coiffé du turban et vêtu d'un long châle au bord arrondi laissant à découvert la jambe gauche.

Derrière lui, la tête de profil à droite, un personnage imberbe, coiffé de la tiare à cornes, vêtu de kaunakès, les mains serrées l'une dans l'autre.

Derrière le dieu, une déesse aux longs cheveux tombant sur ses épaules, coiffée de la tiare à cornes, vêtue de kaunakès; elle étend la main droite, de face, à la hauteur de l'épaule. Son poignet est orné de bracelets.

Dans le champ, devant le dieu, un croissant surmonté d'un disque dans lequel sont inscrits des traits se coupant à angles droits. Entre lui et la déesse, en haut, la mouche; en bas, une foudre à deux branches. Derrière la déesse, une étoile à huit branches. Entre les deux autres personnages, le vase strié et le bâton de mesure.

Haut., 22 mm.; diam., 11 mm.

Pl. IV, fig. 60.

Moulages

189. — La Haye, 125.
190. — La Haye, 71.
191. — Mus. britan., (*Glypt.*, pl. IV, 5).
192. — Louvre ?
193. —
194. —
195. — La Haye, 70.
196. — La Haye, 85.
197. — **Guimet, 55.**
198. — La Haye, 80.
199. — La Haye, 78.
200. — La Haye, 89.

201. — Louvre, 549.
202. — Vienne (*Cull.*, 137).
203. — Vienne (*Lajard*, pl. XXXVII, 1).
204. — Musée britannique.
205. — **Guimet, 56.**
206. — **Guimet, 57.**
207. — La Haye, 68.
208. — **Guimet, 58.**
209. — Louvre (*Glypt.*, I, fig. 91).
209 *bis*. Musée britannique.
210. — Mus. britan. (*Glypt.*, pl. IV, fig. 4).
211. — La Haye, 65.
212. —
213. — Mus. britan. (*Glypt.*, pl. IV, fig. 3).
214. — La Haye, 67.
214 *bis*. de Clercq, 83.
215. — **Guimet, 59.**
216. — **Guimet, 60.**

PERSONNAGE A LA MASSE D'ARMES

Sur un grand nombre de cylindres babyloniens figure un personnage barbu, coiffé du turban et vêtu d'un châle court retombant en pointe à la hauteur des genoux. Le plus souvent, son bras droit pend naturellement le long du corps et la main gauche, ramenée à la ceinture, tient une masse d'armes.

Dans le *Catalogue du Cabinet de La Haye*, Menant le considère comme un guerrier tenant une épée[1]; plus tard, dans la *Glyptique*[2], il modifie son opinion et groupe les intailles où paraît le **Personnage à la masse d'armes** dans la série des « sacrifices humains ». De fait, son rôle est tantôt secondaire, tantôt principal, sans que l'on ait pu déterminer quel être divin ou divinisé le remplit[3].

Le voici, par exemple, en présence de la divinité qui tient en main un couteau-scie [219, 220], d'un dieu caractérisé par un bâton et un anneau [223] qu'il tient à la main droite, ou d'un personnage court vêtu, la main gauche étendue [222].

Bien plus nombreuses sont les intailles sur lesquelles est gravée la scène où le personnage à la masse d'armes est en présence de la déesse vêtue de kaunakès, les deux mains élevées parallèlement l'une à l'autre [229-257]. Dans le champ, une grande variété de symboles : le croissant seul [221, 228, 236, 238, 248, 253, 262 (**67**), 263, 264] ou surmonté du disque [217, 220, 223, 224, 234, 237, 241, 245, 246, 250]; une lance à manche long [226] ou court [237, 239, 248]; l'arme courbe à tranchant convexe, surmontée d'une tête de lion [241, 245, 251, 252]; l'emblème formé d'une tige striée, surmontée d'une masse qu'accompagnent deux armes courbes à tranchant convexe terminées chacune par

1. P. 8.
2. P. 150-158.
3. D'après M. I. Price (*AJSL*, XX, p. 110) et D. Lyon (*JAOS*, XXVII, p. 138), ce serait Ramman le dieu de l'atmosphère.

une tête de lion [256, 259]; une tige engagée à la partie inférieure dans un angle [239] et surmontée d'un croissant [239, 252]; une tête de face [246]; la foudre [251]; le bâton recourbé [251, 253]; un animal [245] surmonté du double bâton recourbé [243]; le cercopithèque [217, 262 (**84**), 264]; le petit personnage aux jambes arquées [233, 243, 251, 262 (**67**); deux petits personnages portant le vase à anse et le cornet [240]; le vase et le bâton de mesure [218, 222, 223, 237]... Soit dans le champ, soit en dehors de la scène, la **femme nue** [219 (**61**), 220, 221, 228, 239, 247, 248, 250, 251, 257, 263, 264] élevant une main [238]. En dehors de la scène, un personnage vêtu d'un châle long, la tête à droite [249]; un double groupe : en haut, deux personnages aux jambes arquées, à droite et à gauche d'une foudre; en bas, deux femmes nues ayant chacune à sa gauche l'arme courbe à tranchant convexe terminée par une tête de lion [251].

Une disposition analogue des accessoires se retrouve avec la scène plus compliquée où le personnage à la masse d'armes figure entre deux divinités [253-258] : ici [254 (**63**)] quatre personnages s'opposent deux à deux par la tête; là [256], par les pieds, la femme nue et un personnage vêtu d'un châle long. Ailleurs [258 (**64**)], Gilgameš tenant le vase jaillissant.

Le personnage à la masse d'armes, que nous retrouverons en présence de la **Déesse guerrière**, se montre parfois au milieu de l'action; il brandit son arme et se prépare à frapper un être divin ou humain qui fléchit le genou et élève la main pour protéger son visage ou implorer miséricorde [260 (**65**)].

61. — Debout, la tête et les jambes de profil à gauche, une divinité vêtue d'un châle à rayures verticales serré à la ceinture, le pied droit sur un escabeau, porte la main gauche à la ceinture et de la main droite abaissée tient un couteau-scie.

Vis-à-vis d'elle, un personnage à la barbe en éventail, coiffé du turban, vêtu d'un châle court serré à la ceinture et retombant en pointe à la hauteur des genoux; son bras droit tombe naturellement; la main droite ramenée à la ceinture tient une masse d'armes.

Derrière lui, de face, une femme nue, les mains serrées l'une dans l'autre, les cheveux tombant en masse sur ses épaules de chaque côté de sa figure.

Haut., 20 mm.; diam., 10 mm.
Pl. IV, fig. 61.

62. — Scène analogue. Derrière le personnage à la masse d'armes, au lieu de la femme nue, une divinité, de profil à droite, vêtue de kaunakès et coiffée de la tiare multicorne, élève les deux mains.

Le sujet se complète du croissant posé dans le champ devant la divinité principale et d'une lance (?) à long manche dressée en dehors de la scène.

Haut., 18 mm.; diam., 9 mm.

Pl. IV, fig. 62.

63. — Personnage à la barbe en éventail, coiffé du turban, vêtu d'un châle court serré à la ceinture et retombant en pointe à la hauteur des genoux. De profil à droite, de la main gauche ramenée à la ceinture il tient une masse d'armes ; son bras droit tombe naturellement.

Devant et derrière lui, se faisant face, deux divinités, vêtues de kaunakès et coiffées de la tiare multicorne, élèvent les deux mains.

Quatre petits personnages, opposés deux à deux par la tête : ceux du bas se tiennent une main et de l'autre se saisissent le pied replié à la hauteur du genou; ceux du haut se tiennent également une main et portent l'autre à la ceinture.

Haut., 27 mm.; diam., 14 mm.

Pl. V, fig. 63.

64. — Personnage à la barbe en éventail, coiffé du turban et vêtu d'un châle court serré à la ceinture et retombant en pointe à la hauteur des genoux. Son bras droit tombe naturellement; de la main gauche ramenée à la ceinture il tient une masse d'armes.

A droite, une divinité élève les deux mains. Elle est de profil à gauche, coiffée de la tiare multicorne et vêtue de kaunakès.

A gauche, une divinité, vêtue d'un châle à franges et coiffée de la tiare multicorne, porte la main droite à la ceinture et de la main gauche tient en avant un emblème formé d'une tige surmontée d'un croissant.

Gilgameš, le corps de profil à gauche, la tête de face, tient serré contre sa poitrine un vase d'où s'échappent deux flots qui retombent en ondulant dans deux vases semblables posés à terre.

Haut., 20 mm.; diam., 10 mm.

Pl. V, fig. 64.

65. — Une divinité vêtue de kaunakès, les cheveux relevés, coiffée de la tiare multicorne. Assise de profil à gauche, la main gauche à la ceinture, elle tient devant elle, de la main droite, un objet formé d'une longue tige brisée vers le bas et terminée en haut par un symbole effacé.

De profil à droite, un personnage coiffé du turban, vêtu d'un châle court serré à la ceinture et retombant en pointe à la hauteur des genoux. Son bras droit tombe naturellement; de la main gauche, ramenée à la ceinture, il tient une masse d'armes.

En face de lui, de profil à gauche, une divinité vêtue de kaunakès, les cheveux serrés, coiffée de la tiare multicorne. Elle élève les deux mains.

Derrière le personnage à la masse d'armes, un autre personnage, court vêtu, coiffé du turban. De profil à droite, il porte la main droite à la poitrine et tient la main gauche en avant, à la hauteur de son épaule, le pouce opposé aux autres doigts.

Dans le champ devant la divinité assise, en haut, une foudre. Devant le personnage à la masse d'armes, en haut, le croissant surmonté d'un disque; en bas, un emblème sur une tige. Derrière lui, en haut, un objet effacé; en bas, un bâton recourbé.

Collection de Morgan.
Haut., 22 mm.; diam., 10 mm.
Pl. V, fig. 65.
Bibl. — de Morgan, *Miss. scient. en Perse*, IV, fig. 161, 2.

66[1]. — Deux lions dressés et croisés attaquent chacun un bouquetin dressé en face de lui.

Un personnage de profil à droite, coiffé du turban, vêtu d'un châle court qui retombe en pointe à la hauteur des genoux, tient de la main gauche une masse d'armes et de la main droite en brandit une autre au-dessus de sa tête. Il s'apprête à frapper un personnage nu, de profil à droite, genou droit en terre, qui retourne la tête et lève le bras droit pour se protéger ou implorer son pardon.

Au-dessus du premier groupe, deux lions couchés de profil à droite et à gauche d'un animal accroupi.

Un bouquetin, la patte droite levée, la tête retournée en arrière, est couché de profil à droite, au-dessus du personnage qui fléchit le genou.

1. Un sujet analogue est imprimé sur une enveloppe inédite de la première dynastie de Babylone (Musée du Louvre, AO. 1648 A).

Haut., 23 mm.; diam., 13 mm.
Pl. V, fig. 66.

67. — Trois personnages de profil à droite. Le premier, vêtu d'un long châle, les cheveux longs, porte la main droite à la ceinture et élève la main gauche de face. Le second, vêtu d'un châle à franges et à rayures verticales, tient ses deux mains serrées l'une dans l'autre. Le troisième, coiffé du turban, est vêtu d'un châle court; son bras droit tombe naturellement et de la main gauche ramenée à la poitrine il tient une masse d'armes.

Devant le premier personnage, en haut, un croissant; en bas, le corps de face et la tête de profil à gauche, un petit personnage nu, imberbe, les jambes arquées, la main gauche à la ceinture, la main droite élevée.

Entre le premier et le second personnages, en haut, une tête de profil à droite, les cheveux hirsutes; au milieu, la mouche; en bas, un cercopithèque de profil à gauche. Derrière le second personnage, en haut, le vase strié; en bas, le bâton de mesure

Haut., 16 mm; diam., 8 mm.
Pl. VI, fig. 67.

Moulages

217. — La Haye, 103.
218. — Louvre (?).
219. — **Guimet, 61.**
220. — La Haye, 121.
221. —
222. —
223. — Louvre (?).
224. — Louvre, 550.
225. — La Haye, 87.
226. — **Guimet, 62.**
227. — Musée britannique.
228. — Louvre, 544.
229. —
230. —
231. — La Haye, 92.
232. —
233. — La Haye, 94.
234. — La Haye, 96.
235. —
236. — La Haye, 83.
237. — La Haye, 115.
238. — La Haye, 118.
239. —
240. — La Haye, 97.
241. — La Haye, 93.
242. — Vienne (*Cullimore*, 136).
243. — Louvre, 548.
244. — La Haye, 95.
245. — Louvre, 547.
246. — Louvre, 546.

247. — La Haye, 116.
248. — La Haye, 120.
249. —
250. —
251. —
252. — Louvre (*Glypt.*, fig. 131, p. 202).
253. — La Haye, 98.
254. — **Guimet, 63**.
255. — Vienne (*Cull.*, 194).
256. —
257. —
258. — **Guimet, 64.**
259. — Louvre, 486.
260. — **Guimet, 65.**
261. — **Guimet, 66.**
262. — **Guimet, 67.**
263. —
264. —

DÉESSE GUERRIÈRE

A l'époque babylonienne, une déesse, presque toujours reconnaissable à de longs cheveux tressés qui tombent sur ses épaules, est représentée s'appuyant de la main gauche sur une arme recourbée à tranchant convexe et tenant de la main droite un sceptre assez semblable au symbole de Šuqamuna et Šumaliya, les dieux du combat[1] : il est formé d'une tige striée surmontée d'une masse qu'accompagnent deux armes courbes à tranchant convexe terminées chacune par une tête de lion. Coiffée de la tiare multicorne et vêtue d'un châle à rayures verticales serré à la ceinture, cette déesse pose d'ordinaire le pied droit sur un lion couché. Sur ses épaules, des flèches et parfois d'autres armes s'élèvent d'un carquois.

En face d'elle, le personnage à la masse d'armes [269, 270 (**68**), 271, 272 (**69**), 273 (**70**)], le porteur de chevreau [267, 268],... suivi d'une divinité qui élève les deux mains [266, 267, 271, 272 (**69**), 273 (**70**), 274] ou les serre l'une dans l'autre [268, 270 (**68**)]. Gilgameš paraît quelquefois, les mains serrées sur la poitrine [268] ou tenant le vase jaillissant [269, 273 (**70**)].

68. — Une déesse, de face, les pieds de profil à gauche; celui de droite posé sur un lion accroupi. Elle est coiffée de la tiare multicorne, vêtue d'une tunique et d'un châle à rayures verticales serré à la ceinture. Sa main gauche s'appuie sur une arme composée d'une tige dont l'extrémité incurvée est garnie d'un tranchant convexe. La main droite levée tient un lien attaché à la gueule du lion, une boucle et un sceptre formé d'une tige striée surmontée d'une masse accompagnée de deux armes courbes à tranchant convexe terminées chacune par une tête de lion.

En face de la déesse, un personnage de profil à droite, la barbe en

1. Kudurru de Nazimaruttaš, *MDP*, t. VIII.

éventail, coiffé du turban. Il est vêtu d'un châle court serré à la ceinture et retombant en pointe à la hauteur des genoux; le bras droit tombe naturellement; la main gauche, ramenée à la ceinture, tient une masse d'armes.

Derrière lui, vêtue du kaunakès et coiffée de la tiare multicorne, une divinité, la tête de profil à droite, tient les mains serrées l'une dans l'autre. Près d'elle, dans le champ, un lion, couché de profil à droite sur une ligne horizontale.

Haut., 24 mm.; diam., 13 mm.

Pl. V, fig. 68.

69. — Sujet analogue au précédent. La divinité vêtue de kaunakès et coiffée de la tiare multicorne élève les deux mains. Il n'y a ni lien ni boucle.

Cylindre mutilé : il manque la plus grande partie de la tête de la déesse guerrière et de son sceptre.

Collection de Morgan.

Haut., 19 mm ; diam., 10 mm.

Pl. V, fig. 69.

Bibl. — de Morgan, *Miss. scient., en Perse*, IV, fig. 161.

70. — Une déesse de face, le pied droit de profil, posé sur un lion accroupi de profil à gauche. Elle est vêtue d'un châle à rayures verticales serré à la ceinture et d'une sorte de tunique à manches. Ses cheveux tressés en boucles tombent sur ses épaules et presque jusqu'aux coudes. Des flèches sortant d'un carquois paraissent au-dessus de ses épaules. Ses poignets sont ornés de bracelets. Sa main gauche abaissée s'appuie sur une arme composée d'une tige dont l'extrémité incurvée est garnie d'un tranchant convexe. La main droite levée tient un sceptre formé d'une tige surmontée d'une masse accompagnée de deux armes courbes à tranchant convexe terminées chacune par une tête de lion.

En face de la déesse, le personnage à la masse d'armes, un bracelet au poignet droit.

Derrière lui, une divinité vêtue de kaunakès et coiffée de la tiare multicorne, élève les deux mains. Elle a les poignets ornés de bracelets.

Nu, les jambes de profil à droite, le haut du corps de face, Gilgameš, la figure encadrée de boucles de cheveux, la barbe bouclée en éventail, soutient de la main droite un vase que de la main gauche il tient par la panse.

Du vase s'échappe un double flot qui retombe à droite et à gauche, en ondulant, dans deux vases semblables posés à terre.

Collection de Morgan.

Haut., 27 mm.; diam., 15 mm,

Pl. V, fig. 70.

Bibl. — de Morgan, *Miss. scient. en Perse*, IV, fig. 161, 1.

Moulages

265. — Berlin.
266. — de Luynes (*Glypt.*, I, fig. 95).
267. — La Haye, 66.
268. — Louvre (*Glypt.*, I, fig. 102).
269. — La Haye, 91.
270. — **Guimet, 68.**
271. — de Luynes (*Glypt.*, I, fig. 99).
272. — **Guimet, 69.**
273. — **Guimet, 70.**
274. — Bibl. nat., 708.

PERSONNAGE COURT VÊTU

Avec le personnage à la masse d'armes il ne faut pas confondre un autre personnage également court vêtu, la main gauche ramenée à la poitrine, le bras droit tombant naturellement. Celui-ci ne tient aucune arme et son châle disposé en jupon ne retombe pas en pointe. Le plus souvent il est en face soit d'une divinité dont une main est abaissée [275, 277 (**71**), 278, 280 (**72**), 285] ou levée [276, 282, 286, 295, 297 (**78**)] soit de la divinité au couteau-scie. Parfois la **femme nue** [280 (**72**), 282, 298 (**79**)], le personnage portant le vase à anse et le cornet [289] ou une divinité complète la scène ; parfois aussi l'artiste a gravé un second sujet : la lutte de Gilgameš avec Ea-bani [277 (**71**)], des animaux dressés [281], un être fantastique attaquant un bouquetin [297 (**78**)].

Dans le champ, le croissant seul [277 (**71**), 282, 288, 290 (**73**), 294 (**77**)] ou surmonté du disque; le vase et le bâton de mesure [282, 290 (**73**), 294 (**77**), 295, 299 (**80**)], le cercopithèque [277 (**71**), 288, 294 (**77**)], l'emblème formé d'une tige recourbée à tranchant convexe surmontée d'une tête de lion [293 (**76**)], le symbole composé d'une tige surmontée d'une masse qu'accompagnent deux armes courbes à tranchant convexe terminées chacune par une tête de lion [276], le bâton recourbé [279, 299 (**80**)], le personnage aux jambes arquées [296], la lance à manche court [297 (**78**)], le taureau surmonté de la foudre [275, 298 (**79**)], une tête humaine 299 (**80**)].....

71. — Deux sujets. — Une déesse vêtue de kaunakès, coiffée de la tiare multicorne. De profil à gauche, elle porte la main gauche à la poitrine et tient la main droite abaissée.

Vis-à-vis, de profil à droite, un personnage court vêtu porte la main gauche à la poitrine et élève la main droite.

Dans le champ entre eux, en haut, un croissant, en bas, un cercopithèque de profil à gauche.

La seconde scène comporte deux personnages, Gilgameš de profil à droite et Ea-bani de profil à gauche, la tête de face. Ea-bani, de la main gauche, tient Gilgameš par le poignet droit; de la main libre ils se saisissent mutuellement le bras au-dessus du coude.

Dans le champ, entre eux, un objet indéterminé, peut-être une masse d'armes.

Une inscription de deux lignes se lit :

[d] nidaba	[la déesse] Nisaba;
[d.] ezinu	[le dieu] Ašnan.

Un bâton recourbé se trouve posé sur la seconde ligne de l'inscription.

Haut., 26 mm.; diam., 8 mm.

Pl. V, fig. 71.

72. — Dieu barbu, coiffé de la tiare multicorne et vêtu d'un châle à rayures verticales serré à la ceinture; il porte la main gauche à la poitrine et de la droite abaissée tient une petite arme recourbée.

Vis-à-vis de lui, de profil à droite, un personnage barbu, court vêtu, coiffé du turban, la main gauche à la ceinture, le bras droit tombant naturellement.

Derrière lui, la femme nue, de face, les cheveux tombant sur les épaules, les mains serrées l'une dans l'autre.

Près d'elle, de profil à droite, un personnage court vêtu, la main droite à la ceinture, la main gauche élevée tenant un bâton recourbé.

Dans le champ, devant le dieu, le croissant. A droite de la femme nue, en haut, le vase à la panse striée; en bas, le bâton de mesure. A gauche, le bâton recourbé.

Haut., 22 mm.; diam., 10 mm.

Pl. V, fig. 72.

73. — Dieu barbu, vêtu de kaunakès et coiffé de la tiare multicorne. De profil à gauche, il porte la main gauche à la ceinture; son bras droit est abaissé en avant, la main fermée, l'index étendu.

Vis-à-vis, de profil à droite, un personnage coiffé du turban et vêtu d'un châle court serré à la ceinture, porte la main gauche à la poitrine; son bras droit tombe naturellement, la main fermée, l'index étendu.

Il est suivi d'un personnage imberbe, également vêtu d'un châle court serré à la ceinture. Sur son front, une mèche de cheveux; de la main droite il présente un cornet; de la gauche, abaissée, il tient un vase à anse.

Une inscription de deux lignes, presque effacée, donne les noms divins :

[d.] immer	[le dieu] Immer;
[d.] ša-la.	[la déesse] Šala.

Haut., 26 mm.; diam., 11 mm.
Pl. V, fig. 73.

74. — Divinité debout, les jambes et la tête de profil à gauche. Vêtue d un châle à rayures verticales, serré à la ceinture, elle pose le pied droit en avant sur un tabouret. La main gauche est ramenée à la ceinture et la main droite abaissée en avant.

Vis-à-vis d'elle, court vêtu, un personnage de profil à droite, le bras droit tombant naturellement, la main gauche à la ceinture.

Il est suivi d'un personnage court vêtu, la main droite à la ceinture; la main gauche levée tient une sorte de trident.

Dans le champ, en haut, devant la divinité, un croissant. Derrière elle, en haut, un cercopithèque de profil à droite; au-dessous, la tête en bas, un petit personnage aux jambes arquées, la figure de profil à gauche, porte la main droite à la ceinture et élève la main gauche. Entre les deux autres personnages, en bas, le bâton de mesure.

Haut., 17 mm.; diam., 9 mm.
Pl. V, fig. 74.

75. — Un personnage coiffé du turban et vêtu d'un châle court. De profil à droite, il porte la main gauche à la ceinture; le bras droit tombe naturellement.

Vis-à-vis, de profil à gauche, une déesse coiffée de la tiare multicorne et vêtue de kaunakès.

Haut., 30 mm.; diam., 17 mm.
Pl. V, fig. 75.

76. — Un personnage vêtu d'un châle court; le corps de face, la tête et les pieds de profil à droite; le bras droit tombe naturellement; la main droite est ramenée à la poitrine.

A droite, un personnage, le bras gauche pendant, la main droite à la ceinture; à gauche, un personnage symétriquement disposé.

Près de ce dernier, l'emblème formé d'une tige courbe, armée d'un tranchant convexe et surmontée d'une tête de lion.

Haut., 18 mm. ; diam., 9 mm.
Pl. V, fig. 76.

77. — Personnage vêtu d'un châle à rayures verticales, de profil à gauche, la main droite levée, la main gauche à la ceinture.

En face, de profil à droite, un personnage vêtu d'un châle orné, la main droite levée, la main gauche à la ceinture.

Derrière le premier, un autre, court vêtu, de profil à gauche, la main droite à la ceinture, le bras gauche tombant naturellement.

Devant celui-ci, le croissant et le cercopithèque; entre les deux autres, le vase et le bâton de mesure.

Haut., 18 mm. ; diam., 9 mm.
Pl. V, fig. 77.

78. — Divinité de profil à gauche, vêtue de kaunakès, la main gauche à la ceinture, la main droite élevée de face.

Vers elle s'avancent deux personnages court vêtus; le premier, la main gauche à la ceinture, le bras droit tombant naturellement; l'autre, la main droite à la ceinture, la main gauche levée.

Dans le champ, devant la divinité, en haut, un croissant; en bas, un cercopithèque de profil à gauche. Entre les deux autres personnages, la lance à tige courte.

Derrière la divinité, un quadrupède aux longues cornes droites, dressé de profil à gauche, la tête retournée vers un animal dressé qui s'apprête à le dévorer : celui-ci est un quadrupède ailé à tête et à membres antérieurs de lion, à queue (?) et à membres postérieurs de rapace.

Haut., 20 mm. ; diam., 10 mm.
Pl. V, fig. 78.

79. — Un personnage court vêtu, le corps de face, la tête de profil à gauche. Il porte la main gauche à la ceinture et de la main droite tient en avant un emblème formé d'une tige peut-être terminée par un fer de lance.

Vis-à-vis, un personnage court vêtu, le bras droit tombant naturellement, la main gauche à la ceinture.

A côté, la femme nue, de face, les mains ramenées à la poitrine.

A droite de la femme nue, un quadrupède de profil à droite, surmonté d'un trident. En haut, peut-être le vase strié. Près du premier personnage, en bas, un objet indéterminé.

Une inscription de deux lignes comprend les noms divins :

d. immer	[le dieu] Immer;
d. ša-la.	[la déesse] Šala.

Cylindre roulé.
Haut., 21 mm.; diam., 10 mm.
Pl. V, fig. 79.

80. — Personnage debout, de profil à gauche, vêtu d'un châle serré à la ceinture. Il porte la main gauche à la ceinture et élève la main droite.

Vis-à-vis, de profil à droite, un personnage court vêtu, le bras droit tombant, la main gauche à la poitrine.

Il est suivi d'un troisième personnage symétrique du premier.

Dans le champ, devant le personnage court vêtu, le vase et le bâton de mesure; derrière lui, deux objets indéterminés. En dehors de la scène, de haut en bas, un objet indéterminé, une grenouille, le bâton recourbé et une tête de profil à droite.

Haut., 22 mm.; diam., 10 mm.
Pl. V, fig. 80.

MOULAGES

275. — La Haye, 88.
276. —
277. — **Guimet, 71.**
278. —
279. — La Haye, 106.
280. — **Guimet, 72.**
281. — La Haye, 126.
282. — La Haye, 122.
283. —
284. —
285. — La Haye, 77.
286. — La Haye, 81.
287. —
288. — Vienne (*Cull.*, 134).
289. — La Haye, 82.
290. — **Guimet, 73.**
291. — **Guimet, 74.**
292. — **Guimet, 75.**
293. — **Guimet, 76.**
294. — **Guimet, 77.**
295. —
296. —
297. — **Guimet, 78.**
298. — **Guimet, 79.**
299. — **Guimet, 80.**

LE DIEU DE LA FOUDRE

Le dieu de l'atmosphère, celui de qui dépendent la pluie bienfaisante et la tempête dévastatrice, joue un rôle important; aussi ne faut-il pas s'étonner qu'on l'ait représenté sous des traits variés, qu'on lui ait attribué divers noms ou surnoms. En assyrien, on l'appelle Ramman et Adad; en sumérien, c'est Immer; comme dieu de la région syrienne, il est désigné par le complexe ᵈMAR-TU, c'est-à-dire d'après les syllabaires « le Ramman du pays d'Amurru (MAR-TU) ».

Par une sorte de jeu de mots, le taureau (rimu) est devenu le symbole de Ramman, mais son véritable emblème c'est la foudre. Tantôt, le pied sur un taureau [302 (**83**)], il la tient en main [302 (**83**)]; tantôt, elle est disposée dans le champ de l'intaille [227, 327] ou sur le dos du taureau [189, 275, 300 (**81**)].

Le « dieu de l'occident » (ᵈ· DINGIR-MAR-TU) semble jouer un rôle moins terrible; il tient le bâton recourbé qui paraît être une arme de jet[1] [304 (**85**); 305 (**86**)].

81. — Personnage nu, de profil à droite, monté sur une barque d'où s'échappe un poisson. De la main gauche il tient une tige surmontée d'un croissant; de la main droite il brandit une arme au-dessus de sa tête et s'apprête à frapper un quadrupède ailé dressé en face de lui : l'animal a la tête [et les pattes antérieures] d'un lion, la queue [et les membres postérieurs] d'un rapace.

Entre le personnage et l'animal fantastique, un taureau couché, les cornes de face, portant sur son dos une foudre à deux branches.

Haut., 19 mm.; diam., 8 mm.

Pl. V, fig. 81.

82. — Dieu vêtu d'un châle à rayures verticales serré à la ceinture,

1. Cf. de Sarzec-Heuzey, *Découvertes*, p. 313.

laissant à découvert la jambe droite posée en avant sur un escabeau. De profil à gauche, il porte la main gauche à la ceinture et de la main droite tient en avant une foudre à deux branches.

Deux personnages se tiennent vis-à-vis de lui, de profil à droite. Le premier, vêtu d'un châle orné, porte la main gauche à la ceinture et élève la main droite; l'autre, vêtu d'un châle court serré à la ceinture, porte la main droite à la poitrine et de la main gauche présente un bâton recourbé.

Haut., 17 mm.; diam., 9 mm.
Pl. VI, fig. 82.

83. — Personnage à la barbe en éventail, coiffé du turban, vêtu d'un châle court retombant en pointe à la hauteur des genoux. Son bras droit tombe naturellement le long du corps; de la main gauche ramenée à la ceinture il tient une masse d'armes.

Derrière lui, également de profil à droite, un dieu coiffé de la tiare multicorne, vêtu d'un châle à rayures verticales serré à la ceinture; il pose le pied gauche sur le dos d'un taureau couché de profil; de la main gauche, il tient une foudre à deux branches et de la main droite brandit une arme au-dessus de sa tête.

En face du personnage à la masse d'armes, une divinité, de profil à gauche, coiffée de la tiare multicorne et vêtue de kaunakès, élève les deux mains de face.

Devant elle, dans le champ, en haut, le croissant surmonté d'un disque; en bas, un cercopithèque de profil à droite.

Haut., 18 mm.; diam., 9 mm.
Pl. VI, fig. 83.

84. — Personnage de profil à droite, vêtu d'un châle court serré à la ceinture; son bras droit tombe naturellement; la main gauche ramenée à la ceinture tient une masse d'armes.

Derrière lui, de profil à droite, une divinité coiffée de la tiare multicorne et vêtue d'un châle de kaunakès passant sur l'épaule droite; elle porte la main droite à la ceinture et de la main gauche tient en avant une foudre à deux branches.

Vis-à-vis du personnage à la masse d'armes, deux personnages : l'un vêtu de kaunakès, les mains serrées sur la poitrine; l'autre, vêtu du châle à franges, la main droite à la ceinture, la main gauche levée.

En dehors de la scène, la femme nue, de face, les mains à la poitrine. Au-dessus d'elle, une étoile à huit branches.

Dans le champ, les noms de deux divinités :

d. babbar	[le dieu] Babbar;
d. a-a.	[la déesse] Aia.

Haut., 21 mm.; diam., 11 mm.
Pl. VI, fig. 84.

85. — Divinité de profil à gauche, coiffée du turban, vêtue d'un châle orné passant sur l'épaule droite et laissant à découvert la jambe droite. Elle porte la main droite à la ceinture; son bras gauche, orné de bracelets, s'appuie sur une arme incurvée à tranchant convexe. Dans le champ, en haut, devant elle, une étoile à huit branches.

Derrière elle, également de profil à gauche, un personnage imberbe, la tête rasée, vêtu d'un châle orné passant sur l'épaule gauche. Il porte la main gauche à la ceinture et de la main droite présente un objet semblable à un cornet.

Vis-à-vis d'elle, de profil à droite, un personnage imberbe, coiffé du bonnet strié, vêtu d'un châle orné passant sur l'épaule gauche. Il porte la main gauche à la ceinture et de la main droite tient un cornet d'où s'échappe un flot qui retombe jusqu'à terre.

Un second personnage, également de profil à droite, vêtu d'un châle court. De la main droite il tient un bâton recourbé appuyé sur son épaule; de la main gauche, il en présente un autre. Un troisième est posé devant lui dans le champ.

Haut., 18 mm.; diam., 10 mm.
Pl. VI, fig. 85.

86. — Divinité de profil à gauche, coiffée du turban et vêtue d'un châle orné. Elle porte la main droite à la ceinture et de la main gauche s'appuie sur une arme incurvée à tranchant convexe. Dans le champ, devant elle, une tortue.

Vis-à-vis d'elle, de profil à droite, un personnage vêtu d'un châle court tient de la main gauche un vase à anse et de la main droite présente un cornet.

Il est suivi d'un autre personnage également vêtu d'un châle court, présentant une hache de la main gauche et, de la main droite, tenant un bâton recourbé appuyé sur son épaule. Dans le champ, devant lui, un autre bâton recourbé.

Haut., 23 mm.; diam., 12 mm.

Pl. VI, fig. 86.

Moulages

300. — **Guimet, 81.**
301. — **Guimet, 82.**
302. — **Guimet, 83.**
303. — **Guimet, 84.**
304. — **Guimet 85.**
305. — **Guimet, 86.**

SUJETS DIVERS

87. — Deux personnages. L'un, de profil à gauche, vêtu de kaunakès et coiffé de la tiare multicorne, élève les deux mains de face. L'autre, de profil à droite, barbu, coiffé du turban, vêtu d'un long châle, porte la main gauche à la ceinture et élève la main droite, la paume vers sa figure.

Une inscription en caractères babyloniens donne le nom du possesseur :

I-din ^{ilu} da-mu	Idin-Damu,
mâr A-gu-u-a	fils de Agûa,
arad ^{ilu} da-mu	serviteur de [la déesse] Damu.

Collection de Morgan.

Haut., 27 mm.; diam., 13 mm.

Pl. VI, fig. 87.

Bibl. — de Morgan, *Miss. scient. en Perse*, IV, fig. 162, 1.

88. — Trois personnages de profil à droite, le genou droit en terre, la main gauche levée de profil. L'un d'eux, barbu, les cheveux courts et ondulés, vêtu d'un châle court, tient la main droite à la hauteur de sa poitrine. Les deux autres portent une ceinture; leur main droite s'appuie sur leur mollet.

Haut., 15 mm.; diam., 9 mm.

Pl. VI, fig. 88.

89. — Personnage imberbe, tête nue, vêtu d'un long châle. De profil à gauche, il porte la main gauche à la ceinture et élève la main droite de face.

Vis-à-vis, deux personnages imberbes, de profil à droite. Le premier, court vêtu, présente de la main droite un objet semblable à un cornet; le second, tête nue, vêtu d'un long châle, porte la main gauche à la ceinture et élève la main droite.

Haut., 16 mm.; diam., 9 mm.

Pl. VI, fig. 89.

90. — Quatre personnages imberbes. Le premier, le corps de face, vêtu d'un châle à rayures horizontales, la main gauche à la poitrine, la main droite élevée de profil, la paume à droite.

Le second, de profil à droite, vêtu d'un châle à franges, les cheveux courts et ondulés, la main gauche élevée de face.

Le troisième, de profil à droite, vêtu d'un châle à rayures horizontales, les cheveux courts et ondulés, la main gauche élevée de face.

Le dernier, également de profil à droite, vêtu d'un châle court serré à la ceinture, la main droite en avant, la main gauche élevée de profil, le genou gauche dressé.

Haut., 19 mm. ; diam., 8 mm.

Pl. VI, fig. 90.

91. — La scène principale comprenant deux personnages coiffés de la tiare multicorne a presque disparu; l'un d'eux était de profil à droite; l'autre, de profil à gauche, vêtu de kaunakès, porte la main gauche à la poitrine.

Derrière le premier personnage, en haut, un croissant surmonté d'un disque; en bas, un cercopithèque, de profil à droite. Ensuite une femme nue de face, les mains à la poitrine; puis, Gilgameš, le haut du corps de face, les jambes de profil à gauche, les mains à la poitrine. Près de lui, à gauche, une hampe surmontée d'un globe.

Haut., 18 mm.; diam., 8 mm.

Pl. VI, fig. 91.

92. — Debout, le haut du corps de face, les jambes de profil à gauche, Gilgameš, la barbe carrée, les reins serrés dans une ceinture, pose sa main droite dans sa main gauche. Près de lui, à droite, trois globes.

A gauche, un personnage, de profil à droite, barbu, coiffé du turban, vêtu d'un châle à franges qui laisse à découvert la jambe gauche portée en avant. Il tient la main gauche fermée, l'index étendu, à la ceinture; le bras droit abaissé, s'appuie sur une arme recourbée. Près de lui, à gauche, en haut, un vase à panse sphérique.

Entre les deux personnages, en haut, un croissant surmonté d'une étoile à huit branches; en bas, la femme nue.

Une inscription de quatre lignes, presque effacée, donnait le nom du possesseur, sa filiation et un hommage à deux divinités.

Haut., 27 mm.; diam., 12 mm.
Pl. VI, fig. 92.

93. — Divinité assise de profil à droite sur un siège en forme d'X recouvert de coussins. Vêtue d'un châle à rayures verticales, elle porte les deux mains à la ceinture. Près d'elle se dresse un emblème formé d'une tige surmontée d'une étoile.

Vers elle s'avance un personnage, de profil à gauche, tenant un chevreau sous le bras droit. Il est vêtu d'un long châle, et porte la main gauche à la ceinture.

Derrière la divinité assise, un autre personnage de profil à droite, vêtu d'un long châle, les mains à la ceinture.

Entre deux lignes verticales, la femme nue de face, la tête de profil à gauche, les mains à la ceinture.

Collection de Morgan.
Haut., 27 mm.; diam., 10 mm.
Pl. VI, fig. 93.
Bibl. — de Morgan, *Miss. scient. en Perse*, IV, fig. 162, 2

MOULAGES

306. — **Guimet, 87.**
307. — **Guimet, 88.**
308. — **Guimet, 89.**
309. — **Guimet, 90.**
310. — **Guimet, 91.**
311. — **Guimet, 92.**
312. — La Haye, 105.
313. — La Haye, 123.
314. — Louvre, 553.
315. — La Haye, 34.
316. —
317. — La Haye, 45.
318. —
319. —
320. — La Haye, 102.
321. —
322. — La Haye, 11.
323. — Vienne (*Cull.*, n° 115).
324. — **Guimet, 93.**
325. — La Haye, 69.
326. —
327. — La Haye, 100.
328. — Louvre, 545.
329. —
330. —
331. — La Haye.
332. — La Haye, 117.

INTAILLES KASSITES

Les cylindres que l'on peut rapporter à la période de la domination des rois kassites sur la Babylonie se distinguent par le développement de l'inscription ; la scène, souvent réduite à un seul personnage accompagné de symboles, est parfois accompagnée d'une bordure décorative[1].

94. — Personnage debout, de profil à droite, la barbe longue, les cheveux longs et bouclés. Vêtu d'un châle long et coiffé d'une tiare, il porte la main gauche à la ceinture et élève la main droite de face.

Derrière lui, un quadrupède dressé ; cet animal a la tête d'un lion et la queue d'un aigle ; sur sa tête une haute corne recourbée.

Devant le personnage, en bas, un lion (?) accroupi, la queue relevée, de profil à droite ; au-dessus, le losange, un objet indéterminé et le poisson ; en haut, un quadrupède à longues cornes droites couché de profil à droite.

Une inscription de trois lignes forme une louange du dieu Marduk.

Haut., 36 mm. ; diam., 15 mm.
Pl. VI, fig. 94.

95. — Personnage debout, de profil à droite, la barbe longue, les cheveux longs et bouclés. Vêtu d'un châle long et coiffé de la tiare, il porte la main gauche à la ceinture et élève la main droite de face.

A gauche, l'un au-dessus de l'autre, deux signes en forme de croix à bras égaux. Entre eux, vers la gauche, un objet.

1. Cf. V. Scheil, *Notes d'épigraphie et d'archéologie assyriennes*, XXV, 12, *Recueil de travaux...*, XIX (1897), p. 51-52. — A. T. Clay, *Documents from the Temple Archives of Nippur*, *Babylonian Expedition of the University of Pennsylvania*, t. XIV. — I. M. Price, *Some Cassite and other cylinder Seals*, *Old Testament and Semitic Studies*, I, p. 381-400.

Une inscription de six lignes forme une dédicace au dieu Šamaš.

Haut., 30 mm.; diam., 17 mm.

Pl. VI, fig. 95.

Moulages

333. — Prokesch (*Glypt.*, I, fig. 124).

334. — **Guimet, 94.**

335. — **Guimet, 95.**

336. — Musée britannique.

CYLINDRES ASSYRIENS

ANIMAUX RÉELS OU FANTASTIQUES

Moulages

337. — Louvre, 482.
338. — Louvre, 481.
339. — Louvre, 479.
340. — Louvre, 480.
341. — Louvre, 483 (?).
342. —

L'ARCHER

Un personnage debout [344] ou à genoux [347 (**98**)-349] bande son arc et vise un animal [343] fantastique, quadrupède ailé [344] à tête humaine [345 - 350]. Dans le champ, le croissant [347 (**98**), 349, 350], l'étoile [347 (**98**)], le losange [346 (**97**), 347 (**98**)], le disque ailé [344], un palmier [345 (**96**)].

96. — Personnage barbu, les cheveux longs et bouclés, vêtu du châle assyrien. Au-dessus de ses épaules, des flèches sortant d'un carquois. De profil à droite, il bande son arc et se prépare à lancer un trait contre un quadrupède ailé à tête humaine placé vis-à-vis de lui de profil à gauche. Cet animal fantastique, la figure ornée d'une longue barbe, les cheveux longs et bouclés, est coiffé de la tiare assyrienne; il a, semble-t-il, un corps de lion.

Dans le champ, devant le personnage, en bas, un palmier; entre les pattes du quadrupède, des objets triangulaires.

Le sujet est bordé en haut et en bas par un ornement formé de lignes se coupant en angles dont les pointes sont à gauche.

Haut., 35 mm.; diam., 14 mm.

Pl. VII, fig. 96.

97. — Scène analogue. L'animal, de profil à droite, lève la patte gauche antérieure. Au-dessous de cette patte, dans le champ, le losange. Derrière le dieu, deux objets triangulaires semblables à celui que l'on remarque sur le cylindre précédent.

Le sujet est bordé en haut et en bas par une simple ligne.

Haut., 30 mm.; diam., 10 mm.

Pl. VII, fig. 97.

98. — Personnage barbu, les cheveux longs et bouclés, coiffé de la tiare assyrienne, vêtu d'une tunique et d'un châle laissant à découvert la jambe gauche. De profil à droite, le genou droit en terre, il bande son arc et se prépare à lancer un trait contre un quadrupède ailé à tête humaine placé vis-à-vis de lui de profil à gauche. Cet animal fantastique, la figure imberbe, les cheveux longs et bouclés, est coiffé de la tiare assyrienne. Dressé, les pattes antérieures portées en avant, la queue relevée, il a, semble-t-il, le corps d'un lion.

Dans le champ, en haut, un croissant et une étoile à huit branches.

Devant le personnage, en haut, un oiseau. En bas, sous le poitrail de l'animal fantastique, une gazelle couchée de profil à gauche, la tête retournée en arrière ; au-dessus d'elle un losange.

Collection de Morgan.
Haut., 38 mm.; diam., 15 mm.
Pl. VII, fig. 98.
Bibl. — de Morgan, *Miss. scient. en Perse*, IV, fig. 162, 5.

99. — Un archer court vêtu, de profil à gauche, bande son arc et se prépare à tirer. Devant lui, un quadrupède passant vers le haut, les pattes à gauche.

Haut., 32 mm.; diam., 12 mm.
Pl. VII, fig. 99.

MOULAGES

343. — La Haye, 146.
344. — Louvre, 470 (*Glypt.*, II, pl. VII, fig. 6).
345. — **Guimet, 96.**
346. — **Guimet, 97.**
347. — **Guimet, 98.**
348. — Louvre (*Glypt.*, II, fig. 4).
349. — Louvre, 472.
350. — **Guimet, 99.**

LE DRAGON A TÊTE DE LION

Parmi les sculptures du palais de Nimrud (Kalhu, IXe siècle), il en est une[1] qui représente la lutte d'un personnage ailé contre un dragon à tête de lion ornée des cornes symboliques[2], à pattes antérieures de lion, à corps de quadrupède couvert de plumes, à pattes postérieures et à queue d'aigle[3]. C'est, d'après certains interprètes[4], un épisode du combat de Marduk et de Tiamat[5].

Le même sujet est traité sur plusieurs cylindres.

100. — Personnage barbu, les cheveux longs et bouclés, coiffé de la tiare assyrienne, vêtu d'un long châle couvrant la jambe gauche. Il est debout, dans l'attitude de la course au-dessus d'un quadrupède ailé emporté en un galop vertigineux. Cet animal a le corps couvert de plumes ou d'écailles; sa tête est fantastique et de sa gueule largement ouverte s'échappe un jet de flammes ou de bave venimeuse. Le personnage bande son arc et s'apprête à tirer sur un quadrupède fantastique dressé en face de lui, absolument semblable à celui du palais de Nimrud[1].

Dans le champ, au milieu de la scène, en haut, le croissant; en bas, un objet formé d'un triangle équilatéral dont un côté, horizontal, est surmonté

1. Layard, *Monuments of Nineveh*, 2e série, pl. 5.

2. Cf. L. Heuzey, *Les dragons sacrés de Babylone et leur prototype chaldéen*. (*Rev. d'A.*, VI, 3, 1906).

3. Nous avons déjà rencontré cet être fantastique sur des cylindres suméro-akkadiens notamment à l'époque de l'hégémonie babylonienne. Son rôle est assez varié : tantôt il rampe sous le pied d'une divinité; tantôt il est dressé et attaque un homme ou un animal. W.H. Ward a consacré une de ses *Notes sur des antiquités orientales* aux cylindres dont, le sujet comporte la figure de cet être mythologique (*Tiamat and other evil spirits, as figured on Oriental Seals*, *AJA*, VI, 1889, p. 286-298).

4. J. Menant, *Glypt.*, II, p. 44-47.

5. Le combat de Marduk et de Tiamat est raconté dans la quatrième tablette de La Création (L. Dhorme, *Choix de Textes religieux assyro-babyloniens*, p. 44-53).

d'une ligne parallèle d'où part une ligne verticale qui descend jusqu'à la pointe du triangle.

En dehors du sujet, la plante qui rappelle le fruit de l'arum et, au-dessus, l'étoile à huit branches.

Haut., 28 mm.; diam., 13 mm.

Pl. VII, fig. 101.

MOULAGES

351. — Louvre 468 (*Glypt.*, pl. VII, fig. 1).

352. — La Haye, 147.

353. — Louvre (provient de Khorsabad).

354. — **Guimet, 100.**

355. —

L'AMPHORE

Sur les intailles assyriennes gravées à la pointe, antérieures à l'époque des Sargonides, il est une scène souvent reproduite au milieu de laquelle s'élève un autel (?) chargé d'une [357-361] ou plusieurs [362] grandes amphores. D'un côté se tient un dieu, parfois assis [357], le plus souvent debout et s'appuyant sur un arc; de l'autre, un personnage qui d'ordinaire semble agiter un éventail au-dessus de l'autel. La gravure se complète de divers symboles placés en dehors de la scène : croissant [359], étoile [357, 360], plante [357, 360], emblèmes divins [362].

Sur les moulages 356, 365 et 366 l'amphore est remplacée par d'autres symboles.

101. — Un autel, sur lequel repose une sorte d'amphore d'assez grandes dimensions, se dresse au milieu de la scène. A droite, un dieu assis sur une chaise à dossier élevé; sa main droite levée en avant, la paume en haut, semble soutenir un objet en forme de croissant; il est barbu, porte de longs cheveux bouclés et est vêtu du châle assyrien. En face de lui, de l'autre côté de l'autel, un personnage se tient debout, la main gauche levée, la main droite abaissée au-dessus d'un objet indéterminable; il est vêtu du châle assyrien, porte une longue barbe et des cheveux bouclés.

Derrière le dieu assis, une tige coupée dans la partie supérieure d'un certain nombre de traits ressemble quelque peu au fruit de l'arum, tel que le représente la sculpture gothique. Au-dessus, une étoile à huit branches.

Haut., 30 mm.; diam., 10 mm.
Pl. VII, fig. 101.

Moulages

356. — Louvre, 451 (*Glypt.*, pl. VII, fig. 3)
357. — **Guimet, 101.**
358. — Bibl. nat., 941. (*Glypt.*, II, fig. 11).
359. — Louvre, 453.
360. — La Haye, 130.
361. — La Haye, 131.
362. — Bibl. nat., 942. (*Glypt.*, II, fig. 12).
363. — Louvre, 452.
364. — Louvre, 455.
365. — de Luynes (*Glypt.*, II, fig. 13).
366. —

PERSONNAGE ENTRE DEUX ÊTRES MYTHOLOGIQUES

De nombreuses empreintes de cylindres, sur des contrats du VIIe siècle avant l'ère chrétienne, présentent un personnage assyrien, coiffé de la tiare, vêtu d'un long châle laissant une jambe à découvert. Parfois il n'est pas ailé [369-374], mais le plus souvent il est enveloppé d'une double paire d'ailes. De ses mains tendues à droite et à gauche il tient deux personnages ailés [367], deux quadrupèdes ailés à tête humaine [368-374], un quadrupède ailé à tête humaine et un autre animal ailé [375-379], deux animaux réels ou fantastiques [380-386].....

102. — Personnage assyrien debout, de profil à gauche, avec une longue barbe, de longs cheveux bouclés, une tunique et un long châle laissant à découvert la jambe droite portée en avant. De ses mains tendues à droite et à gauche il tient par une des pattes antérieures deux animaux fantastiques dressés vers lui : ceux-ci ont des corps de quadrupèdes, une tête humaine et de grandes ailes.

Dans le champ, à droite du personnage, en haut, une étoile à huit branches; en bas, une table d'offrandes à pieds croisés. En dehors du sujet, en haut, le croissant; en bas, un objet formé d'un fût surmonté d'un disque plus large et terminé à la partie inférieure par une tige que coupent deux petites lignes horizontales.

Haut., 28 mm.; diam., 13 mm.

Pl. VII, fig. 102.

103. — Personnage assyrien debout, de profil à droite, avec une longue barbe, de longs cheveux bouclés, un long châle couvrant les deux jambes. De la main gauche il tient par une des pattes antérieures un quadrupède ailé à tête humaine dressé vers lui; de la main droite il saisit une autruche par le cou.

Dans le champ, à droite du personnage, en haut, le croissant ; en bas, le losange. Au-dessus de l'autruche, l'étoile à huit branches.

Haut., 28 mm.; diam., 14 mm.

Pl. VII, fig. 103.

104. — Personnage assyrien debout, de profil à droite, avec une longue barbe, de longs cheveux bouclés, deux paires d'ailes. De ses mains tendues à droite et à gauche, il tient par une des pattes antérieures deux quadrupèdes ailés, à tête de rapace, dressés vers lui.

Cylindre brisé par le milieu ; il ne reste que la partie supérieure.

Haut., 15 mm. ; diam., 14 mm.

Pl. VII, fig. 104.

105. — Personnage assyrien debout, de profil à droite, avec une longue barbe, de longs cheveux bouclés, une tunique et un châle de kaunakès laissant à découvert la jambe gauche portée en avant. De ses deux mains étendues, à droite il tient par une des pattes antérieures une chèvre dressée vers lui, la tête retournée en arrière ; à gauche, il saisit par le cou une autruche qui, les ailes éployées, retourne la tête en arrière.

Derrière les deux animaux se dresse un arbre.

Haut., 33 mm. ; diam., 13 mm.

Pl. VII, fig. 105.

Moulages

367. — La Haye, 136.
368. — Louvre, 461.
369. — **Guimet, 102.**
370. — de Luynes, 409.
371. — Louvre, 460.
372. — Louvre, 462.
373. — La Haye, 133.
374. — Lockett (*Lajard*, LII, 1).
375. — Louvre, 459.
376. — Mus. britan. (*Glypt.*, II, pl. VIII, fig. 2).
377. —
378. — La Haye, 134.
379. — **Guimet, 103.**
380. — La Haye, 132.
381. —
382. — Mus. britan. (*Lajard*, XIII, 2).
383. — Bibl. nat., 916.
384. —
385. — **Guimet, 104.**

385 *bis*. La Haye, 135 (Cachet d'Urzana, roi de Musasir).

386. — **Guimet, 105.**

PERSONNAGE ARMÉ ET ÊTRE MYTHOLOGIQUE

A la même époque, un personnage parfois ailé [388-389] tient d'une main une arme recourbée dont le tranchant est sur le bord convexe. De l'autre main, il saisit un animal réel [389] ou fantastique [387-388].

106. — Personnage assyrien ailé, debout de profil à gauche; il porte une longue barbe et de longs cheveux; il est vêtu d'une tunique et d'un châle de kaunakès laissant à découvert la jambe droite portée en avant. De la main gauche il tient, en arrière, une arme recourbée dont le tranchant est sur le bord convexe. De la main droite il saisit par la patte gauche postérieure un taureau sur la tête duquel il pose le pied droit et que menace un lion dressé de profil à droite, la queue relevée.

Haut., 29 mm.; diam., 13 mm.

Pl. VII, fig. 106.

MOULAGES

387. — Mus. britan. (*Lajard*, XXXII, 5).

388. — Mus. britan. (*Lajard*, XIII, 1).

389. — **Guimet, 106.**

LE POISSON SACRÉ

Sur les monuments figurés assyriens on trouve la représentation de deux dieux-poissons. L'un ressemble à un personnage humain vêtu d'une dépouille de poisson dont la tête lui sert de coiffure et la peau de vêtement[1]. L'autre est formé d'un buste humain barbu et d'une queue de poisson[2]; on le rencontre déjà en Babylonie, au temps de la dynastie de Hammurabi[3] en même temps que l'animal fantastique moitié chèvre et moitié poisson, qui sur les *kudurru* est le symbole du dieu Ea, seigneur de l'abîme. Le poisson lui-même figure comme emblème dans le champ des cylindres et parfois sur une table devant une divinité [390 (**107**)].

107. — Sur un autel formé d'une table dont les montants sont réunis par une bande horizontale et deux bandes transversales, un poisson.

A droite, de profil, un personnage assyrien, la barbe longue, les cheveux longs et bouclés, étend la main droite à la hauteur de l'épaule et de la main gauche touche le poisson. Il est assis sur une chaise dont le siège est disposé comme la table d'offrandes.

De l'autre côté de l'autel, un personnage assyrien, debout de profil à gauche, fait les mêmes gestes que le premier.

Dans le champ, au-dessus de l'autel, le croissant. L'espace libre, derrière les personnages, est rempli par un arbre formé d'une tige et de rameaux obliques terminés chacun par un cercle.

1. Cf. *Glypt.*, II, p. 51.
2. Cf. *Glypt.*, II, p. 49.
3. Musée du Louvre, AO. 1648 A (empreinte inédite).

Haut., 25 mm.; diam., 11 mm.
Pl. VII, fig. 107.

MOULAGES

390. — **Guimet, 107.**
391. — Louvre, 447.
392. — Louvre, 448.

LE NIMBE

Dans le palais d'Assurbanipal, on a trouvé des bulles sur lesquelles était empreinte l'image d'une sorte de nimbe ou d'auréole[1]. Sur des briques du même palais, une autre empreinte provenant d'un cachet à base elliptique porte deux personnages dont l'un est entouré de ce nimbe[2]. La même scène se reproduit sur plusieurs cylindres, sans que l'on ait d'indices pour déterminer quel dieu le graveur a représenté.

108. — Personnage de profil à gauche, vêtu du châle assyrien; le buste est entouré d'un nimbe. Il lève la main droite en avant; la main gauche abaissée tient une couronne.

Devant lui, une sorte d'autel, de l'autre côté duquel un personnage vêtu d'un long châle, la main droite étendue horizontalement la paume en haut, la main gauche élevée à la hauteur de l'épaule, trois doigts fermés et le pouce opposé à l'index.

Gravure assez effacée.
Haut., 21 mm. ; diam., 9 mm.
Pl. VII, fig. 108.

MOULAGES

393. — Louvre (*Glypt.*, pl. VII, fig. 5).
394. — **Guimet, 108**.
395. — Louvre, 444.

1. *Glypt.*, II, p. 55.
2. *Glypt.*, II, fig. 45.

LE DIEU A LA HACHE

Un dieu assyrien est caractérisé par une hache qu'il tient de la main gauche. Plusieurs cylindres[1] le représentent de profil, debout sur un degré ou sur un animal fantastique, coiffé de la tiare à une ou deux paires de cornes surmontée d'un globe, vêtu d'une tunique et d'un châle laissant une jambe à découvert, les poignets ornés de bracelets, la main droite élevée de face, une épée au côté ; sur ses épaules, deux carquois terminés par un globe ou une étoile.

Vis-à-vis de lui, une autre divinité, imberbe, porte le même costume et les mêmes accessoires ; cependant, de la main elle tient une sorte de couronne formée d'une série de globes.

Entre ces deux divinités, un personnage assyrien, d'ordinaire tourné vers la divinité à la hache, vêtu d'un long châle, les poignets ornés de bracelets ; il tient la main gauche ouverte, la paume en haut, à la hauteur de la ceinture et la main droite demi-fermée à la hauteur de son épaule.

Telle est la scène dans sa plus grande simplicité.

Dans le champ, divers symboles ; le disque ailé, le croissant, l'étoile, les sept globes, le losange...

109. — Un dieu barbu, les cheveux longs et ondulés, coiffé de la tiare assyrienne, surmontée d'un globe, vêtu d'une tunique et d'un châle de kaunakès qui laisse à découvert la jambe gauche. Debout de profil à droite sur un degré, il lève la main droite de face à la hauteur de sa figure et de la main gauche tient une hache en avant. A son côté, une épée ; sur ses épaules, deux carquois.

Vis-à-vis de lui, debout de profil à gauche sur un degré moins élevé,

1. Par exemple : Musée de Florence (*Glypt.*, II, fig. 52) et Bibl. nat., n° 703 (Ker Porter, *Travels in Georgia*, *etc.*, t. II, pl. 79, fig. 1).

une divinité imberbe, aux longs cheveux ondulés, coiffée de la tiare assyrienne, surmontée d'un globe, vêtue d'une tunique et d'un châle de kaunakès qui laisse à découvert la jambe droite. Elle élève la main droite de face à la hauteur de sa figure et de la main gauche tient en avant une couronne formée d'une série de globes. A son côté, une épée ; sur ses épaules, deux carquois.

Entre eux, un personnage plus petit, de profil à droite. Barbu, les cheveux longs et ondulés, vêtu du châle assyrien, il tient la main gauche ouverte, la paume en haut et le bras droit levé, la main horizontalement, trois doigts fermés et le pouce opposé à l'index.

A droite, un personnage semblable tient les deux mains ouvertes en avant, la paume en haut.

Dans le champ, derrière la divinité de profil à gauche, une étoile. Devant la divinité de profil à droite, en haut, le croissant ; en bas, une autruche ; derrière elle, le losange.

Le sujet est encadré entre deux lignes horizontales. Une ligne verticale indique le début de l'inscription, composée de quatre lignes dispersées dans la scène :

ša En-du-	Objet que Endu-
ni-tum šangu	nitum, le prêtre,
ana Aššur-ni-me-li	à Aššur-nimeli,
šangu rabu u-qiš	le grand-prêtre, a voué.

Don de M. Théodore Mante.

Haut., 45 mm.; diam., 18 mm.

Pl. VII, fig. 109.

Bibl. — L. Delaporte, *Notes de Glyptique orientale*, II, fig. 4, *Recueil de travaux...*, t. XXX, p. 228.

MOULAGE

396. — **Guimet, 109.**

DIVINITÉS DIVERSES.

---

110. — Personnage assyrien, les cheveux longs et bouclés, coiffé de la tiare, vêtu du châle assyrien. De profil à droite, il tient les deux mains ouvertes en avant. Au-dessous de ses mains, dans le champ, un quadrupède couché.

Vers lui s'avance un personnage vêtu d'un châle qui laisse à découvert la jambe droite portée en avant. Il est barbu; ses cheveux longs et bouclés sont retenus par un bandeau. Il lève la main droite et de la gauche dirige un quadrupède que l'on aperçoit à sa droite.

La scène est complétée par une montagne sur laquelle s'élève un arbre tordu.

Haut., 30 mm.; diam., 12 mm.

Pl. VIII, fig. 110.

111. — Divinité assise de profil à gauche sur un tabouret recouvert d'un coussin; vêtue d'un châle serré à la ceinture, frangé au bas, elle porte la main gauche à la ceinture et de la main droite tient en avant un cornet.

Devant elle, un rapace plongeant.

Un lion dressé de profil à droite menace une chèvre dressée vers une montagne que domine un arbre.

Entre les pattes de la chèvre, un emblème en forme de croix.

Haut., 18 mm.; diam., 10 mm.

Pl. VIII, fig. 111.

Moulages

397. —

398. — Mus. britan. (*Glypt.*, pl. VIII, fig. 1).

399. — Mus. britan. (*Lajard*, XVI, 1).

400. — Louvre.

401. — Bibl. nat., 729.

402. — **Guimet, 110.**

403. — **Guimet, 111.**

404. — Louvre (*Glypt.*, pl. X, fig. 5).

L'ARBRE SACRÉ

Répandu à profusion dans la décoration des palais assyriens, un arbre symbolique — le plus souvent plante de convention[1] — est accompagné d'êtres réels ou fantastiques. Sur les cylindres il paraît dès l'époque archaïque et se retrouve encore au temps des derniers Sargonides. Près de lui, des poissons [405], un [408, 414 (**113**)] ou deux personnages debout [407, 411, 412, 416], suivis de génies ailés [414 (**113**), 420] ; des personnages à genoux [418] ; le dieu-poisson [417] ; des animaux [410, 422] ; des quadrupèdes ailés à tête humaine [406, 409] ; un personnage ailé luttant avec un animal fantastique [415 (**114**)].

Les personnages ont, en général, l'une des trois attitudes suivantes : ils élèvent les mains [107, 414, 416, 417], portent d'une main le vase à anse et de l'autre présentent un objet en forme de pomme de pin[2] [413, 419] ou, enfin, tiennent une des antennes du disque ailé [411, 420], qui est souvent figuré au-dessus de l'arbre [408, 411, 412, 414 (**113**), 416-418, 420].

112. — Quadrupède se cabrant, la queue relevée, de profil à droite. Devant lui, un objet formé d'une tige surmontée d'un disque rayonnant. En deux endroits la tige est coupée par deux petites lignes horizontales d'où s'échappent des lignes obliques.

1. Cf. E. Bonavia, *The Sacred Trees of the Assyrian Monuments*, *BOR*, *III*, p. 7-12, 35-40, 56-61. Voir *BOR*, IV, p. 95 et 96.

2. Citons deux des opinions émises au sujet de la nature de cet objet. D'aucuns l'ont considéré comme une sorte de vase destiné à répandre un liquide sur la plante sacrée; d'autres ont admis que la scène représente la fertilisation artificielle du dattier : dans cette hypothèse, c'est la fleur mâle que le personnage tient en main]

Collection de Morgan.
Haut., 17 mm. ; diam., 10 mm.
Pl. VIII, fig. 112.
Bibl. — de Morgan, *Miss. scient. en Perse*, IV, fig. 161, 2.

113. — L'arbre sacré représenté par un plein cintre rempli d'un quadrillage et entouré de petits globes. Au-dessus, le disque ailé. A gauche, un quadrillage.

De profil à droite, en face de l'arbre, un personnage à longue barbe, aux cheveux bouclés derrière la tête, vêtu d'un châle frangé au bas, élève les mains entr'ouvertes à la hauteur de ses épaules, la paume en haut.

Derrière lui, également de profil à droite, un personnage muni de deux paires d'ailes, barbu, les cheveux bouclés en masse derrière la tête. Il est vêtu d'un long châle laissant à découvert la jambe gauche. Il tend les deux bras en avant.

Collection de Morgan.
Haut., 30 mm. ; diam., 12 mm.
Pl. VIII, fig. 113.
Bibl. — de Morgan, *Miss. scient. en Perse*, IV, fig. 162, 4.

114. — L'arbre sacré, formé d'une tige surmontée d'un globe et entourée d'un ornement en forme de résille et de rayons. Au-dessus, le croissant.

Dressé vers l'arbre, un quadrupède ailé, à serres d'aigle, de profil à droite, retourne la tête vers un personnage qui l'attaque. Ce personnage à la barbe longue, aux cheveux bouclés derrière la tête, est coiffé de la tiare et vêtu d'un châle assyrien laissant à découvert la jambe gauche. Il porte deux paires d'ailes. De la main gauche il s'apprête à saisir le quadrupède par la queue et lui pose le pied gauche sur la patte droite postérieure ; de la main droite abaissée il tient en arrière une arme recourbée à tranchant convexe.

Collection de Morgan.
Haut., 31 mm. ; diam., 15 mm.
Pl. VIII, fig. 114.
Bibl. — de Morgan, *Miss. scient. en Perse*, IV, fig. 161, 6.

MOULAGES

405. — La Haye, 143.
406. — La Haye, 139.
407. — Louvre, 441.
408. — Louvre (*Glypt.*, pl. X, fig. 3).
409. — La Haye, 144.
410. — **Guimet, 112.**
411. —
412. — La Haye, 129.
413. — Louvre, 438.
414. — **Guimet, 113.**
415. — **Guimet, 114.**
416. — Louvre (*Glypt.*, pl. X, fig. 2).
417. — Bibl. nat. (*Lajard*, XVII. 5).
418. — Louvre, 440.
419. — de Clercq, 342.
420. — Musée britannique.
421. —
422. —

SUJETS MILITAIRES ET CHASSES

115. — Deux personnages assyriens montés sur un char à deux roues traîné par un seul cheval dont la tête est ornée d'un énorme pompon et la queue « troussée ».

Entre les pieds du cheval, un homme étendu à terre, la tête relevée.

Le sujet est bordé en haut et en bas par un ornement formé de deux lignes parallèles entre lesquelles des lignes obliques, groupées par trois ou quatre.

Haut., 28 mm. ; diam., 10 mm.

Pl. VIII, fig. 115.

116. — Personnage assyrien, de profil à gauche, la main droite en avant. Il monte un cheval cabré, la tête ornée d'un pompon, entre les pattes duquel un personnage assyrien tombe à terre.

Un personnage assyrien, vêtu d'un châle court, de profil à gauche, le bras gauche levé en arrière, pose la main droite sur la tête d'un personnage semblable mais plus petit, également de profil à gauche, la tête retournée vers lui, la main gauche levée, la main droite abaissée.

Un autre, semblable, de profil à droite, le bras gauche étendu, la main droite levée.

Au-dessus de ces scènes, de profil à droite, un personnage court vêtu, genou droit en terre, la jambe gauche étendue en avant, bande son arc et se prépare à tirer dans la direction d'un disque ailé. Derrière lui, le losange; devant, le croissant, une étoile à six branches et sept globes.

Haut., 41 mm. ; diam., 14 mm.

Pl. VIII, fig. 116.

117. — Porte cintrée entre deux tours; la muraille et les tours sont surmontées de « merlans » en forme de flèches.

A droite, un personnage vêtu d'une tunique et d'un long châle laissant à découvert la jambe droite portée en avant. Il étend les deux mains vers la forteresse.

Derrière lui, le losange.

Haut., 34 mm. ; diam., 12 mm.

Pl. VIII, fig. 117.

Bibl. — L. Delaporte, *Notes de Glyptique orientale*, II, fig. 3, *Recueil de travaux...*, XXX, p. 227.

MOULAGES

423. — **Guimet, 115.**
424. — **Guimet, 116.**
425. — **Guimet, 117.**
426. — Louvre, 469 (*Glypt.*, II, fig. 76).
427. — Louvre, 476.
428. — Louvre, 477.
429. — La Haye, 145.

INTAILLES BABYLONIENNES

Au temps de l'empire néo-babylonien, la glyptique est surtout représentée par des sujets religieux dans lesquels un personnage se tient debout, de profil, en face de symboles divins [430-433] posés sur un ou plusieurs autels [431-433]. Sur quelques cylindres sont représentés des hommes-scorpions [434] ou des quadrupèdes ailés à face humaine [435].

Moulages

430. —
431. — Musée brit. (*Glypt.*, II, fig. 120).
432. — Zwenigorodowski (*Glypt.*, pl. X, fig. 4).
433. — La Haye, 110.
434. — La Haye, 140.
435. — La Haye, 141.

INTAILLES ACHÉMÉNIDES

Les sujets gravés sur les cylindres des Perses achéménides sont souvent empruntés à l'Assyrie ; ils se distinguent par les vêtements et coiffures des personnages ainsi que par le style. On retrouve, par exemple, le personnage debout entre deux être réels ou imaginaires[1] [437 (**118**)-442] ; le personnage armé menaçant un animal dressé en face de lui[2] [443-446] : il tient en main, soit une sorte de dague, soit, comme en Assyrie, la tige recourbée à tranchant convexe. On retrouve aussi l'archer bandant son arc[3] [447] et le roi, sur son char, se livrant aux plaisirs de la chasse[4] [436].

118. — Personnage debout, le corps de face, la tête et les jambes de profil à gauche, les cheveux en masse derrière la tête; il est coiffé de la « cidaris » et vêtu de la « candys ».

De chaque main il tient par une des pattes antérieures un quadrupède ailé, dressé de profil, la queue relevée. Cet animal a un corps de lion et une tête humaine. Celui de droite retourne la tête en arrière vers un disque ailé au-dessous duquel est une plante, peut-être l'arbre sacré.

Collection de Morgan.
Haut., 33 mm. ; diam., 11 mm.
Pl. VIII, fig. 118.
Bibl. — de Morgan, *Miss. scient. en Perse*, IV, fig. 161, 5.

1. Cf. p. 78.
2. Cf. p. 80.
3. Cf. p. 72.
4. Cf. p. 90.

Moulages

436. — Musée brit. (Sceau de Darius II).
437 — **Guimet, 118.**
438. — Louvre, 560.
439. —
440. — La Haye, 138.
441. — Vienne (*Glypt.*, pl. IX, fig. 3).
442. — Vienne (*Cull.*, 139).
443. — La Haye, 137.
444. — Musée brit. (*Lajard*, XV, 4).
445. —
446. — Louvre, 451.
447. — Vienne (*Cull.*, 140).
448. — de Clercq, 385.

INTAILLES ANZANITES

Nous ne connaissons que deux intailles portant des inscriptions anzanites. L'une appartient à la Bibliothèque nationale[1]. L'autre [449] fait partie de la collection du Cabinet royal des médailles de la Haye ; sur un cylindre anépigraphe [450], de même style, sont gravés quatre personnages parmi lesquels on remarque la femme nue.

Moulages

449. — La Haye, 48

450. — Louvre[2].

1. Chabouillet, *Catalogue*, n° 765.
2. Des empreintes de cachets sont visibles sur des tablettes proto-élamites (*MDP*, t. VI) et sur un *contrat* élamite-sémitique (*MDP*, t. IV, pl. 20) publiés par V. Scheil. La Délégation en Perse a trouvé à Suse, pendant la campagne de 1907-1908, des empreintes, sur argile, de cylindres et de cachets plats de facture primitive, dont l'usage, en cette région, remonte à la période la plus ancienne de l'histoire (J. de Morgan, *Les résultats des derniers travaux de la Délégation en Perse*, *CR*, juillet 1908, p. 373-379). Les sceaux découverts antérieurement ont été étudiés par G. Jéquier dans le tome VII des *Mémoires de la Délégation*.

INTAILLES DE L'ASIE MINEURE

Les sujets gravés sur certains cylindres comportent des éléments empruntés à plusieurs des civilisations qui se sont disputé la suprématie en Asie Mineure.

Dans des scènes où figure le personnage à la masse d'armes [456-458, 467], Gilgameš tenant le vase jaillissant [458], le dieu de la foudre [454], ou le dieu au bâton recourbé [461 (**119**), 462 (**120**), 463 (**121**), 464-467], des détails dans le costume ou de nouveaux emblèmes font reconnaître l'influence des Hétéens.

Ailleurs, le personnage au bâton recourbé est debout sur deux éminences [470]; deux Gilgameš tiennent ensemble un vase d'où jaillissent des flots qui retombent en les enveloppant [471]; le disque ailé, au-dessus de personnages hétéens [472]; un personnage hétéen luttant avec un animal dressé [474].

Des inscriptions en caractères alphabétiques se rencontrent sur des intailles [cf. 477 (**125**), 478 (**126**)] dont le sujet est suméro-akkadien, assyrien, babylonien, perse...

L'influence égyptienne se manifeste dans le costume de certains personnages [479-481, 483-487] et par la présence de la **croix ansée** [481, 482 (**127**)].

119. — Dieu barbu, coiffé de la tiare conique syro-cappadocienne, vêtu d'un châle court. De profil à gauche, il porte la main gauche à la ceinture et de la main droite tient en avant un bâton recourbé.

Vis-à-vis de lui deux personnages de profil à droite. Le premier, court vêtu, porte la main gauche à la ceinture; son bras droit tombe naturellement. Le second, vêtu d'un long châle, porte la main droite à la ceinture et élève la main gauche. Entre eux, dans le champ, en haut, une étoile à huit branches; en bas, le bâton de mesure.

Derrière le dieu, un emblème formé d'une longue tige surmontée d'un croissant et dont l'extrémité inférieure est soutenue par deux appuis formant un angle.

Haut., 19 mm.; diam., 9 mm.
Pl. VIII, fig. 119.

120. — Un personnage coiffé de la tiare syro-cappadocienne et vêtu d'un châle à rayures verticales serré à la ceinture, laissant à découvert la jambe droite posée en avant sur une chèvre couchée de profil. Il porte la main gauche à la ceinture et de la main droite tient en avant le bâton recourbé.

Vis-à-vis, de profil à droite, un personnage vêtu d'un long châle et coiffé du turban, la main gauche à la ceinture, la main droite levée.

Derrière le premier personnage, un autre, coiffé de la tiare syro-cappadocienne et vêtu d'un long châle; sa main gauche est ramenée à la ceinture; de la main droite il tient en avant une masse d'armes dressée, près de laquelle, dans le champ, une foudre.

Haut., 26 mm.; diam., 10 mm.
Pl. VIII, fig. 120.

121. — Dieu coiffé de la tiare cylindrique syro-cappadocienne et vêtu d'un châle court. De profil à gauche, le pied droit sur un escabeau (?), il porte la main gauche à la ceinture et de la main droite tient en avant le bâton recourbé.

Vis-à-vis de lui, deux personnages; l'un d'eux, les mains serrées l'une dans l'autre; le second, vêtu d'une robe ornée au bas, coiffé de la tiare à cornes, les deux mains élevées. Entre eux, en haut, trois globes; en bas, le bâton recourbé.

Une inscription d'une case donne un nom divin :

d. BABBAR le dieu Soleil.

Haut., 23 mm.; diam., 13 mm.
Pl. VIII, fig. 121.

122. — Personnage de profil à droite, coiffé du turban et vêtu d'un long châle au bord orné d'une frange indiquée par des coups de bouterolle. Il lève la main droite et de la main gauche abaissée tient une couronne (?)

formée d'un globe central entouré de sept autres globes. Dans le champ, en haut, une autre couronne semblable.

Vis-à-vis, un autre personnage, semblablement vêtu, lève le bras gauche et étend la main droite vers le premier.

Deux personnages nus, coiffés du turban, le corps serré dans une ceinture, un genou levé. Disposés symétriquement, ils tiennent ensemble d'une main un emblème formé d'une tige coupée au tiers de sa hauteur par une petite ligne horizontale et entourée de globes au-dessus de cette ligne.

A gauche, un personnage de profil, coiffé du turban, vêtu d'un long châle, les mains serrées sur la poitrine.

Cylindre mutilé à la partie inférieure.
Haut., 21 mm. ; diam., 10 mm.
Pl. VIII, fig. 122.

123. — Personnage coiffé du turban et vêtu d'un châle demi-long; le bras gauche tombe naturellement le long du corps; la main droite, ramenée à la ceinture, tient une masse d'armes.

En face de lui, une déesse, les cheveux relevés, élève les deux mains de face. Elle est vêtue d'un châle orné d'une série de globes.

Deux personnages aux cheveux relevés, la tête coiffée d'une tiare conique, vêtus de kaunakès, sont disposés symétriquement et tiennent des deux mains un symbole composé d'une haute tige surmontée d'une couronne (?) formée d'un globe central entouré de neuf autres globes. A droite de l'emblème, en bas, le bâton de mesure. A gauche du groupe, un personnage imberbe, les cheveux relevés, coiffé du turban et vêtu d'un châle orné d'une série de globes, les mains serrées à la poitrine.

Haut., 24 mm.; diam., 10 mm.
Pl. VIII, fig. 123.

124. — Personnage assis de profil à droite, vêtu d'une robe serrée à la ceinture et coiffé d'une tiare formée de bandes s'enroulant en cercles qui d'abord s'élargissent, puis bientôt se rétrécissent[1]. De la main gauche il tient en avant une sorte de cornet.

1. Cette coiffure semble être celle que portent encore actuellement certains évêques jacobites. Elle n'a été remarquée sur aucun autre cylindre.

En face de lui, un personnage de profil à gauche, vêtu un peu court; de la main droite il tient un objet au-dessus d'une table surmontée d'offrandes.

Il est suivi d'un personnage vêtu d'une robe à rayures verticales, la main gauche à la ceinture; la main droite, en avant, tient un emblème.

Derrière, un quatrième personnage, vêtu d'un châle au bord arrondi laissant à découvert la jambe droite; il lève le bras gauche au-dessus de sa tête.

Dans le champ, au-dessus du cornet, un croissant surmonté d'un disque. Devant le dernier personnage, en haut, quatre globes disposés en croix ; en bas, un objet indéterminé.

Haut., 23 mm.; diam., 11 mm.
Pl. VIII, fig. 124.

125. — Une divinité imberbe, vêtue d'une longue robe et coiffée de la tiare à cornes. Assise, de profil à gauche, sur une chaise à dossier oblique, elle porte la main gauche à la ceinture et étend la main droite ouverte de face.

Vis-à-vis d'elle, deux personnages se tiennent debout, de profil à droite, la main droite à la ceinture, la main gauche levée de profil, à la hauteur de la figure.

Entre eux et la divinité assise, une table d'offrande formée d'un plateau supporté par des pieds légèrement incurvés à la partie inférieure.

Dans le champ, en haut, devant la divinité assise, un croissant; derrière elle, une étoile à huit branches, au-dessus de laquelle les quatre lettres de l'inscription.

Haut., 23 mm.; diam., 13 mm.
Pl. IX, fig. 125.

126. — Cette intaille est irrégulière et mal gravée. Elle porte un quadrupède dressé sur ses pattes antérieures; un personnage, la main gauche levée, coiffé du turban et vêtu d'un châle assyrien laissant à découvert la jambe droite; vis-à-vis, de profil à droite, deux autres personnages; le premier barbu, vêtu du châle de kaunakès, laissant à découvert la jambe gauche, le bras droit tombant naturellement le long du corps, la main gauche levée: le second, barbu, vêtu de kaunakès, coiffé d'une tiare cylindrique.

Devant le premier personnage, deux mots de cinq lettres chacun.

Haut., 25 mm.; diam., 17 mm.
Pl. IX, fig. 126.

127. — Ce cylindre est divisé en deux registres superposés suivant une génératrice. Dans l'un, un lion accroupi, de profil à droite, la queue relevée. Dans l'autre, un quadrupède à corne recourbée, à longue queue relevée; devant lui, la croix ansée.

Haut., 27 mm.; diam., 11 mm.
Pl. IX, fig. 127.

Moulages

451. — Louvre, 450 (*Glypt.*, II, fig. 115).
452. —
453. — La Haye, 124.
454. — La Haye, 112.
455. —
456. — Musée britannique.
457. — de Luynes (*Glypt.*, I, fig. 114).
458. —
459. —
460. —
461. — **Guimet, 119.**
462. — **Guimet, 120.**
463. — **Guimet, 121.**
464. — Musée britannique.
465. —
466. —
467. — La Haye, 86.
468. — **Guimet, 122.**
469. — **Guimet, 123.**
470. — La Haye, 104.
471. —
472. — Bibl. nat., 705.
473. — Berlin.
474. —
475. —
476. — **Guimet, 124.**
477. — **Guimet, 125.**
478. — **Guimet, 126.**
479. — Louvre (*Glypt.*, II, fig. 111).
480. — de Clercq, 395.
481. — de Luynes, 387 (*Glypt.*, pl. VIII, fig. 4).
482. — **Guimet, 127.**
483. — Louvre.
484. — Bibl. nat., 877 (*Glypt.*, II, fig. 203).
485. — de Clercq, 386.
486. —
487. —

INTAILLES ÉGYPTIENNES

Le Musée Guimet ne possède aucun cylindre égyptien. Trois moulages [488-490] portent des empreintes d'intailles de la première dynastie[1].

Moulages

488. — Vienne (*Cullimore*, 149).
489. — Vienne (*Cullimore*, 150).
490. — Vienne (*Cullimore*, 151).

1. Nous faisons abstraction des empreintes qui figurent sur des monuments de la galerie d'antiquités égyptiennes; elles seront décrites dans les catalogues spéciaux. — De nombreux cylindres de la deuxième et de la troisième dynasties sont dessinés et commentés par R. Weill dans le tome vingt-cinquième de la *Bibliothèque d'Études* du Musée Guimet.

INTAILLES
DE
PROVENANCES DIVERSES

Nous avons réuni en un même groupe les intailles dont l'origine artistique ne saurait être déterminée exactement; plusieurs se rapprochent beaucoup des cylindres [508-539] découverts à Chypre par le général Palma di Cesnola.

128. — Deux personnages debout, de profil, disposés symétriquement; ils ont une épée à la ceinture et d'une main élevée tiennent une arme. L'un d'eux, de la main droite abaissée, semble porter une tête de taureau; près de lui, une chèvre passant vers le haut, les pattes à droite. L'autre personnage abaisse la main gauche, près de laquelle sont deux chèvres passant vers le haut, les pattes à droite. Entre elles, un oiseau. Le sujet est encadré de lignes horizontales[1].

Collection Chantre : découvert au sanctuaire d'Euyuk.
Haut., 30 mm.; diam., 14 mm.
Pl. IX, fig. 128.
Bibl. — Chantre, *Miss. en Cappadoce*, p. 159.

129. — Personnage de face, la tête et les pieds de profil à gauche; le bras droit tombe naturellement; la main gauche s'appuie sur une lance au fer très effilé, dont la pointe est dirigée en bas. Il est vêtu d'un long châle et ses cheveux tombent en masse derrière la nuque.

A gauche, un quadrupède ailé, sautant.

Le sujet est encadré d'un ornement en forme d'échelles.

Collection E. Blanc : découvert à Samarkande.
Haut., 29 mm.; diam., 11 mm.

1. Cf. Collection de Clercq, n°s 30 et 35.

Pl. IX, fig. 129.

Bibl. — L. Delaporte, *Notes de glyptique orientale*, II, fig. 5, *Recueil de travaux*..., tome XXX, p. 228.

130. — Surface divisée en deux triangles équilatéraux dans lesquels sont disséminés divers ornements.

Haut., 25 mm. ; diam., 10 mm.
Pl. IX, fig. 130.

131. — Deux personnages levant le bras gauche, le bras droit abaissé.

A gauche, une antilope dressée vers eux.

Dans le champ, disséminés, des objets en forme de tétraèdres.

Le sujet est encadré de lignes horizontales.

Haut,, 26 mm. ; diam., 12 mm.
Pl. IX, fig. 131.

132. — Personnage debout, de face; la tête de profil à gauche. De chaque côté, un objet en forme d'X, au-dessus et au-dessous duquel un cercle dont le centre est marqué d'un gros point. Celui de droite, en bas, est accompagné d'un trait légèrement courbe.

Une tige verticale se divise à la partie supérieure en deux branches qui s'élèvent quelque peu, puis retombent en s'inclinant l'une vers l'autre. A gauche de cette tige, une chèvre passant à droite. Au-dessus de ses cornes, la mouche (?) ; en dessous, un triangle (?).

Haut., 28 mm.; diam., 12 mm.
Pl. IX, fig. 132.

133. — Trois cercles dont le centre est marqué d'un gros point, disposés en triangle dont la pointe est en haut. De chaque côté, un personnage de face, la tête de profil à droite, formée d'une boule à laquelle s'adapte une petite ligne horizontale. D'autres lignes partant de la ceinture s'élèvent au-dessus des épaules. Celui de gauche semble tenir un disque; celui de droite, une sorte de hache ou de pic.

Le sujet est encadré de deux ornements formés chacun de deux tiges verticales réunies à l'extrémité inférieure par une petite ligne horizontale.

De petites lignes horizontales sont répandues dans les espaces libres.

Haut., 30 mm.; diam., 10 mm.

Pl. IX, fig. 133.

134. — Personnage de face, la tête de profil à gauche. De chaque côté, un animal tourné vers lui; à droite, c'est un serpent dressé; à gauche, un quadrupède à longues cornes.

Un arbre dont les branches sont formées de lignes obliques s'élève sur toute la hauteur du cylindre.

Au-dessus du quadrupède, des lignes verticales.

Haut., 31 mm.; diam., 11 mm.

Pl. IX, fig. 134.

135[1]. — Personnage assis de profil à gauche sur une chaise à dossier élevé. Le haut du corps est de face, le bras droit tombe naturellement, le bras gauche est posé sur le dossier de la chaise et la main gauche élevée.

Une bande, semblable à une échelle à neuf échelons, s'étend sur toute la hauteur du cylindre. En haut, les montants s'arrondissent et forment deux grandes circonférences dans chacune desquelles est inscrite une autre circonférence dont le centre est marqué par un gros point.

De chaque côté de la bande, une antilope, les pieds sur la bande, la tête près de la circonférence.

Quatre globes ornent les espaces libres, l'un près de la tête du personnage, un autre entre les pattes de l'antilope de gauche, les deux derniers près de ses cornes.

Haut., 28 mm.; diam., 13 mm.

Pl. IX, fig. 135.

136[2]. — Deux personnages vêtus d'un long châle serré à la ceinture, la main droite à la poitrine. Celui de droite élève la main gauche. L'autre la tient abaissée; il a une grande aile.

Entre eux, en haut, un triangle (?).

Un lion dressé, de profil à gauche, la tête retournée en arrière. Devant lui, un arbre près duquel des signes d'écriture (?).

Haut., 25 mm.; diam., 15 mm.

Pl. IX, fig. 136.

1. Cf. Collection de Clercq, n° 29.
2. Cf. Collection de Clercq, n° 408.

137. — Antilope, de profil à gauche, broutant. Elle a deux longues cornes incurvées; celle du haut est perlée, l'autre linéaire. Entre ces cornes et le dos de l'animal, six gros globes garnissent le champ.

Derrière elle, un lion dressé, la tête en arrière, la queue relevée.

Haut., 25 mm.; diam., 12 mm.
Pl. IX, fig. 137.

138. — Deux quadrupèdes dressés, les pattes croisées. Au-dessous de leurs pattes, en ligne verticale, trois cercles dont les centres sont marqués par de gros points.

A droite d'un palmier, un personnage levant la main gauche; à gauche, un autre personnage vêtu d'un châle à franges, lève la main droite.

Haut., 28 mm.; diam., 12 mm.
Pl. IX, fig. 138.

139. — Deux personnages vêtus d'un long châle côtelé serré à la ceinture et coiffés, peut-être, d'un bonnet plat. Ils sont assis, de profil, en face l'un de l'autre, les épaules de face; celui de droite, barbu, a pour siège une chaise: celui de gauche, imberbe, n'a qu'un tabouret. Un de leurs bras est abaissé, l'autre étendu vers une table à quatre pieds disposée entre eux et au-dessus de laquelle passent à gauche deux quadrupèdes ailés[1].

Haut., 24 mm.; diam., 10 mm.
Pl. X, fig. 139.

140. — Personnage de profil à droite, court vêtu, les cheveux abondants. De la main gauche il tient par une des pattes postérieures un taureau la tête en bas.

Un autre quadrupède passant vers le bas.

Haut., 24 mm.; diam., 10 mm.
Pl. X, fig. 140.

141. — Personnage assis de profil à droite, la main droite à la ceinture, la main gauche levée saisit une tige sortant d'une sorte de vase à panse sphérique.

Devant lui, disséminés dans le champ, en haut, un quadrupède la tête

1. Le de Clercq 31 a la même origine.

en arrière et deux poissons; au milieu, deux quadrupèdes différents; au-dessous, une autruche, deux quadrupèdes couchés la tête en arrière, dont l'un a de longues cornes recourbées; en bas, sept globes.

Le sujet est encadré de deux simples traits.

Haut., 29 mm.; diam., 14 mm.
Pl. X, fig. 141.

MOULAGES

491. — **Guimet, 128.**
492. — **Guimet, 129.**
493. — **Guimet, 130.**
494. — Vienne (*Cull.*, 152).
495. — Vienne (*Cull.*, 148).
496. — **Guimet, 131.**
497. — **Guimet, 132.**
498. — **Guimet, 133.**
499. — **Guimet, 134.**
500. — **Guimet, 135.**
501. — **Guimet, 136.**
502. — **Guimet, 137.**
503. — Louvre, 478.
504. — **Guimet, 138.**
505. — **Guimet, 139.**
506. — **Guimet, 140.**
507. — **Guimet, 141.**
508-539. — Cesnola (les 32 cylindres découverts à Chypre)[1].

1. Luigi Palma di Cesnola, *Cyprus : its ancient Cities, Tombs and Temples*, pl. XXXI-XXXIII.

APPENDIX

CACHETS PLATS

L'usage du cachet plat semble avoir été inconnu des Sûméro-akkadiens. En Assyrie, on le voit paraître au IXe siècle[1], se développer et peu à peu se substituer à l'emploi du cylindre. Trois monuments de la collection Guimet se rapportent à cette région : sur le premier [540 (**142**)], deux personnages fantastiques, du type de Ea-bani, soutiennent de leurs mains élevées un disque ailé ; sur les deux autres [541 (**143**), 542 **144**)], l'arbre sacré. Deux intailles assyriennes portent des divinités à queue de poisson [543, 544] ou le roi sur son char [545]. Les autres cachets plats appartenant au Musée Guimet [546 (**145**)-557 (**156**)] sont de l'époque néo-babylonienne ; en général, on y trouve un personnage qui élève la main en face d'emblèmes religieux, le plus souvent dressés sur un autel. Sur une empreinte [558], deux chèvres se dressent de profil, la tête retournée en arrière ; ailleurs [559], deux quadrupèdes ailés à tête humaine sont accroupis en face l'un de l'autre.

Sur des sceaux achéménides, le taureau ailé à tête humaine [560], un personnage tirant de l'arc [561], un personnage debout entre deux animaux dressés [562], un personnage transperçant avec une dague un lion dressé en face de lui [563].

Parmi les moulages, des empreintes de cachets de l'époque des Séleucides [564] et d'un cachet à légende phénicienne [565].

142. — La lance, au milieu du sujet. A droite et à gauche, se faisant

1. Menant, *Glyptique*, II, p. 40-41.

face, deux personnages fantastiques, formés d'une croupe de taureau et d'un buste humain, soutiennent de leurs mains élevées un disque ailé. Dans le champ, en haut, le croissant.

Base octogonale.
Haut., 18 mm.; larg., 13 mm.; épaiss., 24 mm.
Pl. X, fig. 142.

143. — L'arbre sacré, formé d'une tige terminée aux deux extrémités par des globes et entourée d'un quadrillage limité par un cintre orné à l'extérieur de quinze pointes. Un personnage barbu, vêtu d'un châle frangé, se tient debout, de profil à droite, en face de l'arbre, la main fermée de profil, le pouce opposé à l'index étendu. Dans le champ, en haut, le disque ailé.

Base octogonale.
Haut., 15 mm.; larg., 10 mm.; épaiss., 20 mm.
Pl. X, fig. 143.

144. — Lion couché de profil à droite, la queue relevée. Au-dessus, deux quadrupèdes ailés à tête humaine, accroupis en face l'un de l'autre. Entre eux, l'arbre sacré. Des globes sont disposés dans les espaces libres.

Le sujet est entouré d'une ligne d'où rayonnent de petits traits.

Base elliptique.
Haut., 18 mm.; larg., 21 mm.; épaiss., 15 mm.
Pl. X, fig. 144.

145. — Personnage de profil à gauche, la main élevée vers deux symboles : le croissant et l'étoile à huit branches.

Travail à la bouterolle.
Base elliptique.
Haut., 15 mm.; larg., 13 mm.
Pl. X, fig. 145.

146. — Personnage vêtu d'un châle orné au bas d'une frange. De profil à gauche, il élève la main. Devant lui, la lance; derrière, la masse d'armes.

Base elliptique.
Haut., 19 mm.; larg., 11 mm.; épaiss., 18 mm.
Pl. X, fig. 146.

147. — Personnage vêtu d'un châle orné au bas d'une frange. De profil à gauche, il élève la main, la paume en haut, en face d'un autel, formé de deux bandes horizontales, sur lequel se dressent la masse d'armes, la lance et le clou.

Collection Chantre.
Base octogonale.
Haut., 19 mm.; larg., 14 mm.; épaiss., 29 mm.
Pl. X, fig. 147.

148. — Personnage de profil à droite, la main élevée en face d'un autel, formé de deux bandes horizontales unies par des traits verticaux, sur lequel se dressent la lance et le rectangle[1].

Dans le champ, en haut, une étoile à six branches.

Travail à la bouterolle.
Base elliptique.
Haut., 20 mm.; larg., 15 mm.; épaiss., 25 mm.
Pl. X, fig. 148.

149. — Même sujet. Dans le champ, en haut, le croissant.

Base elliptique.
Haut., 17 mm.; larg., 12 mm.; épaiss., 20 mm.
Pl. X, fig. 149.

150. — Personnage de profil à droite, la main élevée, en face d'un autel, formé de deux bandes horizontales unies par des traits verticaux, sur lequel se dressent la masse d'armes et deux tiges parallèles (le rectangle ?).

Dans le champ, en haut, une étoile à six branches.

Travail à la bouterolle.
Base octogonale.
Haut., 25 mm.; larg., 15 mm.; épaiss., 31 mm.
Pl. X, fig. 150.

151. — Personnage de profil à droite, la main élevée, en face d'un autel, formé de deux bandes horizontales unies par des traits verticaux, sur lequel est couché un quadrupède dont la tête porte les cornes symboliques. Sur le dos de l'animal se dressent la masse d'armes et le rectangle.

1. Le symbole que, d'après sa forme, nous appelons « rectangle », semble n'être autre chose que le « clou ».

Dans le champ, en haut, une étoile.

Travail à la bouterolle.
Base octogonale.
Haut., 20 mm.; larg., 11 mm.; épaiss., 18 mm.
Pl. X, fig. 151.

152. — Personnage vêtu d'un châle orné en bas de franges ; de profil à droite, il élève la main en face d'un autel, formé de deux bandes horizontales unies par des traits verticaux, sur lequel est couché un quadrupède dont la tête porte les cornes symboliques. Sur le dos de l'animal se dressent la lance et le rectangle.

Derrière le personnage, le losange (?).

Base octogonale.
Haut., 16 mm.; larg., 13 mm.; épaiss., 23 mm.

153. — Personnage de profil à gauche, la main élevée vers un quadrupède couché, sur le dos duquel se dressent la lance et le clou. L'animal porte les cornes symboliques; sa queue est dressée.

Collection Chantre.
Travail à la bouterolle.
Base elliptique.
Haut., 17 mm.; larg., 12 mm.; épaiss., 19 mm.

154. — Personnage de profil à droite, la main élevée vers un autel, formé de deux bandes horizontales unies par des traits verticaux, sur lequel se dresse une masse d'armes derrière laquelle est accroupi un quadrupède.

Dans le champ, en haut, le croissant.

Travail à la bouterolle.
Base octogonale.
Haut., 21 mm.; larg., 14 mm.; épaiss., 27 mm.
Pl. X, fig. 154.

155. — Personnage de profil à gauche, la main élevée vers un autel, formé de deux bandes horizontales unies par des traits verticaux, sur lequel se dressent la masse d'armes et une tige surmontée d'une étoile.

Travail à la bouterolle.
Base elliptique.

Haut., 20 mm.; larg., 18 mm.; épaiss., 24 mm.
Pl. X, fig. 155.

156. — Personnage de profil à droite, la main élevée vers un autel, formé de deux bandes horizontales unies par des traits verticaux, sur lequel se dressent la masse d'armes et le rectangle.

Dans le champ, en haut, une étoile (?).

Travail à la bouterolle.
Base octogonale.
Haut., 18 mm.; larg., 14 mm.; épaiss., 25 mm.
Pl. X, fig. 156.

Moulages

Cachets assyriens

540. — **Guimet, 142.**
541. — **Guimet, 143.**
542. — **Guimet, 144.**
543. — Musée brit. (*Glypt.*, II, fig. 34).
544. —
545. —

Cachets babyloniens

546. — **Guimet, 145.**
547. — **Guimet, 146.**
548. — **Guimet, 147.**
549. — **Guimet, 148.**
550. — **Guimet, 149.**
551. — **Guimet, 150.**
552. — **Guimet, 151.**
553. — **Guimet, 152.**
554. — **Guimet, 153.**
555. — **Guimet, 154.**
556. — **Guimet, 155.**
557. — **Guimet, 156.**
558. — Vienne.
559. —

Cachets achéménides

560. —
561. —
562. —
563. —

Cachets des Séleucides

564. — 39 empreintes sur des contrats (*Glypt.*, II, fig. 154-193).

Cachet phénicien

565. — Musée britannique (*Glypt.*, II, fig. 229).

TABLE DES MOULAGES DE CYLINDRES

appartenant à d'autres collections

I. — Bibliothèque nationale

Le premier chiffre indique le numéro du cylindre soit dans la collection de Luynes (nº d'inventaire), soit dans l'ancien fonds au-dessus de 700 (nº du *Catalogue* de Chabouillet) ; le second chiffre représente le numéro d'ordre de moulage au Musée Guimet.

375, 271 ; 386, 266 ; 387, 481 ; 392, 457 ; 409, 370 ; 415, 31 ; 432, 54 ; 705, 472 ; 706, 93 ; 708, 274 ; 719, 95 ; 722, 96 ; 729, 401 ; 789, 156 ; 877, 484 ; 888, 5 ; 896, 38 ; 916, 383 ; 934, 417 ; 937, 358 ; 941, 365 ; 942, 362 ; 946, 79 ; 961, 3.

II. — Musée du Louvre

S'il y a deux chiffres, le premier indique le numéro du cylindre dans l'inventaire dressé par de Longpérier : *Notice des antiquités assyriennes ... exposées dans les galeries du musée du Louvre*, 3e éd., 1854. Le second chiffre, ou le chiffre unique, représente le numéro d'ordre du moulage au Musée Guimet. Il n'est pas certain que les douze derniers sujets appartiennent à la collection du Louvre.

438, 413 ; 440, 418 ; 441, 407 ; 444, 395 ; 447, 391 ; 448, 392 ; 449, 186 ; 450, 451 ; 451, 356 ; 452, 363 ; 453, 359 ; 454, 68 ; 455, 364 ; 456, 71 ; 459, 375 ; 460, 371 ; 461, 368 ; 462, 372 ; 463, 24 ; 465, 50 ; 467, 27 ; 468, 351 ; 469, 426 ; 470, 344 ; 472, 349 ; 476, 427 ; 477, 428 ; 478, 503 ; 479, 339 ; 480, 340 ; 481, 338 ; 482, 337 ; 483, 341 ; 486, 259 ; 500, 224 ; 540, 82 ; 541, 105 ; 542, 155 ; 543, 159 ; 544, 228 ; 545, 328 ; 548, 243 ; 549, 201 ; 552, 182 ; 553, 314 ; 560, 438 ; 561, 446. — 1 ; 4 ; 21 ; 26 ; 53 ; 59 ; 80 ; 90 ; 99 ; 120 ; 209 ; 252 ; 268 ; 348 ; 353 ; 400 ; 404 ; 408 ; 416 ; 450 ; 479 ; 483. — 60 ; 61 ; 112 ; 114 ; 116 ; 118 ; 125 ; 132 ; 163 ; 192 ; 218 ; 223.

III. — Cabinet des Médailles de La Haye

Le premier chiffre indique le numéro du cylindre dans le *Catalogue* publié par J. Menant, en 1878 ; le second chiffre représente le numéro d'ordre du moulage au Musée Guimet.

1, 66 ; 2, 64 ; 3, 45 ; 4, 46 ; 5, 47 ; 6, 63 ; 9, 56 ; 10, 57 ; 11, 322 ; 12, 30 ; 13, 29 ; 14, 23 ; 16, 8 ; 17, 9 ; 18, 18 ; 19, 15 ; 20, 20 ; 21, 6 ; 22, 28 ; 23, 185[b] ; 26, 119 ; 27, 137 ; 28, 133 ; 29, 134 ; 30, 128 ; 31, 138 ; 32, 127 ; 33, 149 ; 34, 152 ; 35, 154 ; 36, 161 ; 38, 75 ; 39, 78 ; 40, 76 ; 42, 138[b] ; 43, 181 ; 45, 317 ; 47, 98 ; 48, 449 ; 49, 74 ; 50, 103 ; 51, 101 ; 53, 176 ; 55, 106 ; 56, 87 ; 57, 81 ; 59, 70 ; 62, 67 ; 63, 100 ; 64, 13[b] ; 65, 211 ; 66, 267 ; 67, 214 ; 68, 207 ; 69, 325 ; 70, 195 ; 71, 190 ; 72, 139 ; 73, 140 ; 74, 141 ; 75, 142 ; 76, 143 ; 77, 285 ; 78, 199 ; 79, 171 ; 80, 198 ; 81, 286 ; 82, 289 ; 83, 236 ; 84, 315 ; 85, 196 ; 86, 467 ; 87, 225 ; 88, 275 ; 89, 200 ; 91, 269 ; 92, 231 ; 93, 241 ; 94, 233 ; 95, 244 ; 96, 234 ; 97, 240 ; 98, 253 ; 99, 331 ; 100, 327 ; 102, 320 ; 103, 217 ; 104, 470 ; 105, 312 ; 106, 279 ; 110, 433 ; 112, 454 ; 115, 237 ; 116, 247, 117, 332 ; 118, 238 ; 120, 248 ; 121, 220 ; 122, 282 ; 123, 313 ; 124, 453 ; 125, 189 ; 126, 281 ; 129, 412 ; 130, 360 ; 131, 361 ; 132, 380 ; 133, 373 ; 134, 378 ; 135, 385[b] ; 136, 367 ; 137, 443 ; 138, 440 ; 139, 406 ; 140, 434 ; 141, 435 ; 143, 405 ; 144, 409 ; 145, 429 ; 146, 343 ; 147, 352.

IV. — Musée britannique

33 ; 34 ; 35 ; 36 ; 37 ; 43 ; 51 ; 65 ; 84 ; 86 ? ; 89 ; 104 ; 107 ; (89137) ; 185 ; 191 ; 204 ; 209[b] ; 210 ; 213 ; 227 ; 336 ; 376 ; 382 ; 387 ; 388 ; 398 ; 399 ; 420 ; 431 ; 436 ; 444 ; 456 ; 464. — Cachets plats : 543, 564, 565.

V. — Musée de Vienne

97 ; 108 ; 202 ; 203 ; 242 ; 255 ; 288 ; 323 ; 441 ; 442 ; 447 ; 488 ; 489 ; 490 ; 494 ; 495. — Cachet plat : 558.

VI. — Musée de New-York

44 ; 508 à 539.

VII. — Collection de Clercq

Le premier chiffre indique le numéro du cylindre dans le *Catalogue* de la collection de Clercq ; le second chiffre représente le numéro d'ordre du moulage au Musée Guimet.

83, 214 ; 342, 419 : 385, 448 ; 386, 485 ; 395, 480.

VIII. — Musée de Berlin

42 ; 265 ; 473.

IX. — Collections diverses

Jaubert : 32.
Souby-bey : **111**.
Prokesch : 333.
Zwenigodorowski : 432.

X. — Moulages de provenance indéterminée

115; 121; 124; 126; 129; 135; 136; 145 à 148; 150; 153; 160; 162; 164; 166 à 170; 177 à 180; 193; 194; 212; 221; 222; 229; 230; 232; 235; 239; 249 à 251; 256; 257; 263; 264; 276; 278; 283; 284; 287; 295; 296; 316; 318; 319; 321; 326; 329; 330; 342; 355; 366; 377; 381; 384; 397; 411; 421; 422; 430; 439; 445; 452; 455; 458; 460; 465; 466; 471; 474; 475; 486; 487. — Cachets plats : 544; 545; 559 à 563.

TABLE DES CYLINDRES ET EMPREINTES DE CYLINDRES
dont le Musée Guimet ne possède pas de moulages

I. — BIBLIOTHÈQUE NATIONALE

Collection de Luynes : 369, p. 10, note 3; 395, p. 10, note 3; 403, p. 5, note 2; 415, p. 5, note 3; 424, p. 5, note 6. — Ancien fonds : 703, p. 84, note 1; 712, p. 10, note 3; 718, p. 19, note 1; 724[b], p. 13, note 2; 725, p. 13, note 2; 734, p. IX, notes 2 et 3; 742, p. 32, note 5; 761, p. 32, note 3; 786, p. 7, note 3; 886[b], p. 1, note 2; 890[b], p. 5, note 9; 897, p. IX, note 2. — Empreinte : p. 22, note 2.

II. — MUSÉE DU LOUVRE

Cylindres : p. 17, texte et note 3; p. 20, note 2. — Empreintes : p. 2, note 1; p. 5, note 7; p. 7, note 6 + p. 50, note 1 + p. 81, note 3 (AO. 1648[A]); p. 16, notes 6 à 9; p. 26, notes 2 à 4 (AO. 3540, 4198, 3545); p. 27, notes 1 et 3 (AO. 3548-3549, 3541); p. 31, note 4 (AO. 2450); p. 32, note 1; p. 50 et p. 81, cf. p. 7. — Délégation en Perse, fouilles de Suse : p. 1, note 1; p. 97, note 2.

III. — COLLECTION DE CLERCQ

29, p. 109, note 1; 30, p. 107, note 1; 31, p. 110 note 1; 35, p. 107, note 1; 41, p. 10; 46, p. 5, note 5; 57, p. 1, note 2; 84, p. 27; 86, p. 40, note 1; 106, p. 27, note 4; 112, p. 7, note 4 et p. 28, note 1; 121, p. 31, note 1; 135, p. 32, note 4; 141, p. 19, note 2; 181[b], p. 17, note 3; 408, p. 109, note 2.

IV. — Musée britannique

V. — Musée de Berlin

VI. — Musée métropolitain de New-York

VII. — Musée de Florence

VIII. — Collections diverses

AUTEURS CITÉS

INDEX ALPHABÉTIQUE

Les chiffres en caractères romains [26] indiquent les pages du catalogue; les chiffres en caractères gras [**118**] représentent les numéros des cylindres de la collection du Musée.

ERRATA ET ADDITIONS

P. XI, note 9 : au lieu de « **107** », lire « **109** ».

P. 2, note 1 : au lieu de « Ur-Pasag », lire « Ur-Lama ».

P. 3, nº **6**, lig. 6 : lire « un croissant surmonté d'un globe ».

P. 4, nº **11** : ajouter « entre les lions, en haut, un croissant ».

P. 8, nº **16** : les animaux qui se dressent en face de Gilgameš et d'Ea-bani ont la partie antérieure du corps entourée par un lazzo. Comparer avec le La Haye 1 [moulage 66].

P. 17, note 3 : le cylindre du Musée du Louvre n'est pas inédit; il a été publié par M. L. Heuzey, dans *Mythes Chaldéens*.

P. 19, lig. 6 : le Musée britannique possède aussi un sujet analogue, publié par W. H. Ward.

P. 23. Le veau qui tette est représenté, dans le champ, sur un cylindre de la collection Dieulafoy au Musée du Louvre et sur les empreintes de deux scènes babyloniennes (AO 1648[A]).

P. 27, lig. 25 : au lieu de « toujours coiffée », lire « presque toujours coiffée ».

P. 31, lig. 2 : au lieu de « Ur-Pa[sag?] », lire « Ur-Lama ».

P. 54, nº **69**, lig. 9 : au lieu de « fig. 161 », lire « fig. 161, 4 ».

P. 55, moul. 266 : lire « de Luynes, 386 ».

P. 55, moul. 271 : lire « de Luynes, 375 ».

P. 61, lig. 13 : au lieu de « moins terrible », lire « non moins terrible ».

P. 63, nº **85**, lig. 10 : au lieu de « coiffé du bonnet strié », lire les « cheveux courts et ondulés ».

P. 67, moul. 315 : au lieu de « La Haye, 34 », lire « La Haye, 84 ».

P. 67, moul. 331 : lire « La Haye, 99 ».

P. 74, note 5 : au lieu de « L. Dhorme », lire « P. Dhorme ».

P. 77, moul. 358 : au lieu de « 941 », lire « 937 » et corriger Menant, *Glypt.*, II, fig. 11, qui marque 941.

P. 77, moul. 365 : au lieu de « de Luynes », lire « Bibl. nat., 941 ».

P. 88, n° **112**, lig. 4 : au lieu de « fig. 161, 2 », lire « fig. 161, 3 ».

P. 116, lig. 1 : au lieu de « une étoile », lire « le croissant ».

Pl. IV : au lieu de « 60, 61, 62 », lire « 61, 62, 60 ».

Pl. X : au lieu de « 151, 152 », lire « 156, 155 » ; — au lieu de « 155, 156 », lire « 152, 151 ».

TABLE DES MATIÈRES

CHALON-SUR-SAÔNE, IMPRIMERIE FRANÇAISE ET ORIENTALE, E. BERTRAND 555

Phototypie Berthaud, Paris

Pl. I

15

16

18

22

19

17

20

24

23

25

21

26

27

Pl. II

Phototypie Berthaud, Paris

28

29

32

30

31

33

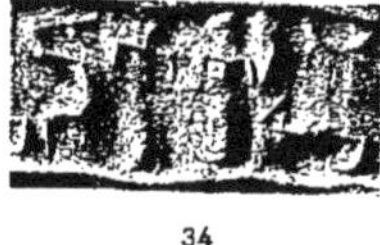

34

35

37

36

9 38

39

40

41

Pl. III

Phototypie Berthaud, Paris

42 43 44 45 46 47 48 49 50 51 52 53 54 55 56 57 58 59 60 61 62

Pl. IV

Phototypie Berthaud, Paris

Pl. V

Phototypie Berthaud, Paris

82

84

83

85

86

88

89

87

90

92

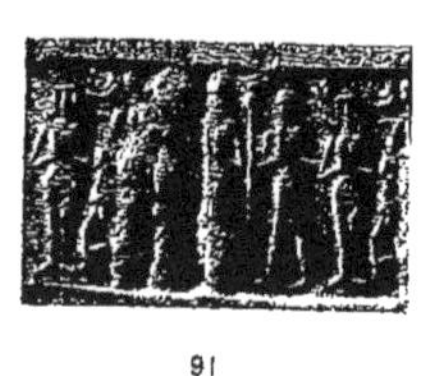

91

93

94

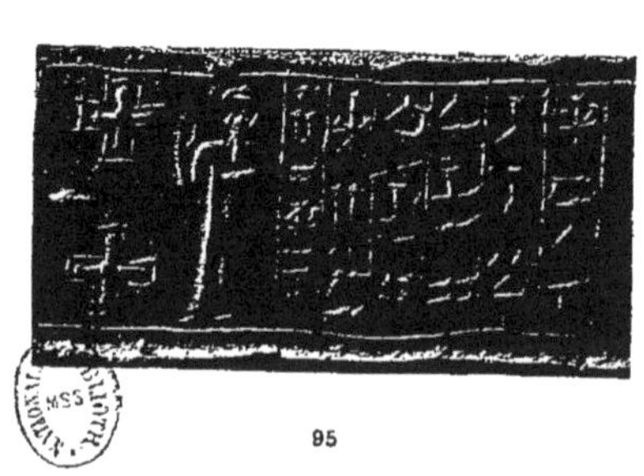

95

Phototypie Berthaud, Paris

Pl. VII

Phototypie Berthaud, Paris

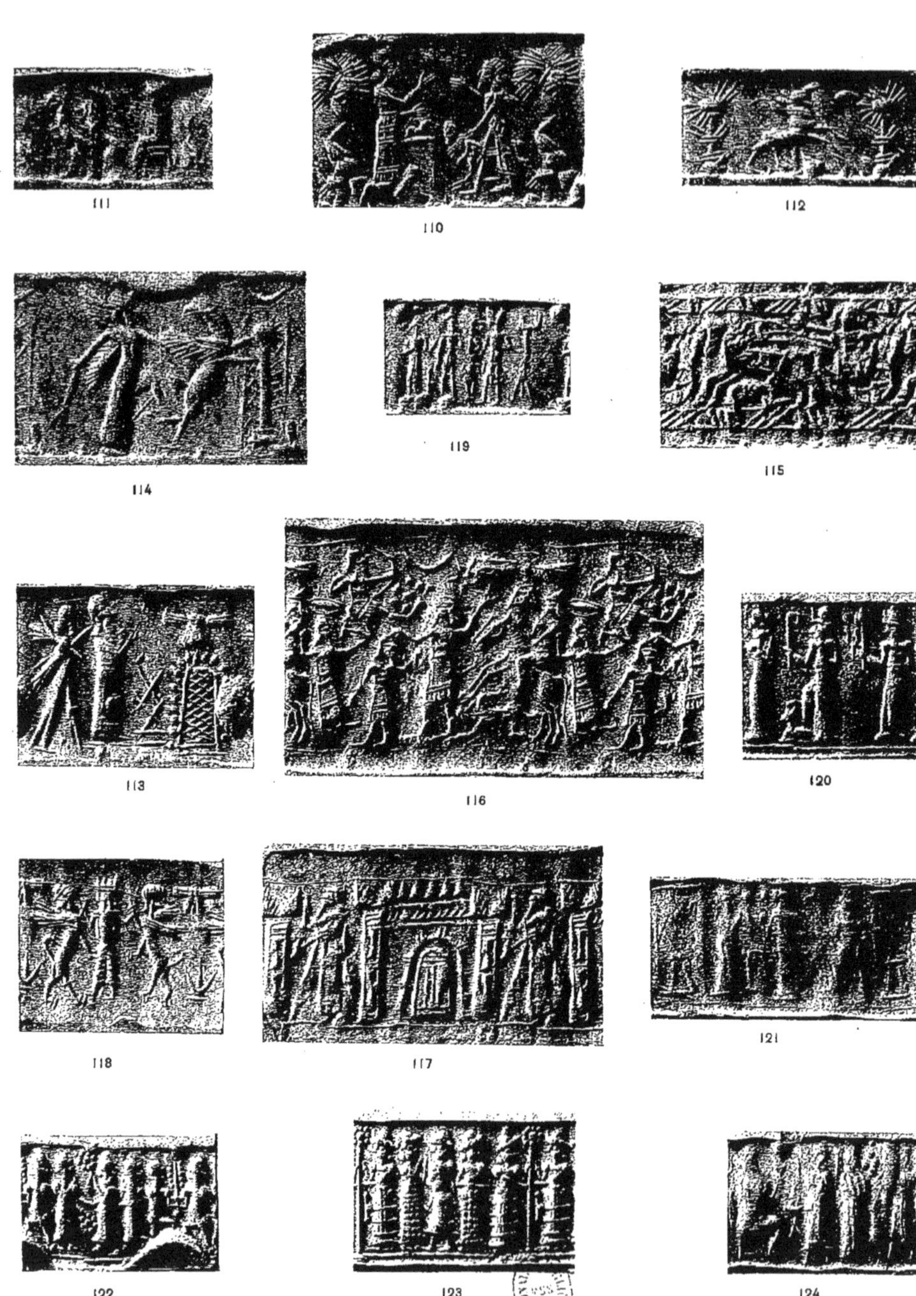

Pl. VIII

Phototypie Berthaud, Paris

125

127

126

129

128

130

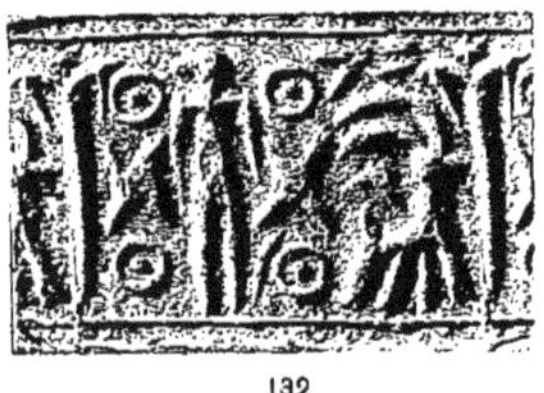
132

131

133

135

136

138

134

137

Pl. IX

Phototypie Berthaud, Paris

139

140

142

141

143

144

145

146

147

148

149

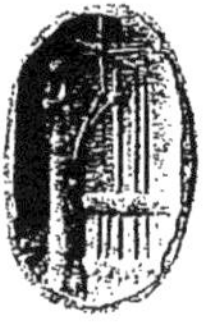
150

151

152

153

154

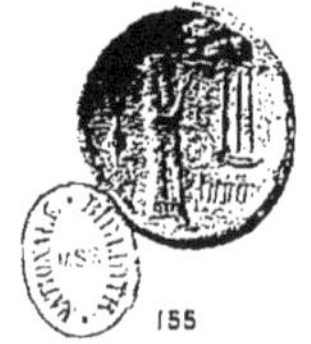
155

156

Pl. X

Phototypie Berthaud, Paris

www.ingramcontent.com/pod-product-compliance
Ingram Content Group UK Ltd.
Pitfield, Milton Keynes, MK11 3LW, UK
UKHW012217240726
13966UKWH00003B/818